教育部人文社会科学研究青年项目资助：
《体育公共服务公私合作评价指标体系构建与实证研究》（18

体育公共服务公私合作评价指标体系构建与实证研究

TIYU GONGGONG FUWU GONGSI HEZUO PINGJIA ZHIBIAO TIXI GOUJIAN YU SHIZHENG YANJIU

宋一民 著

天津社会科学院出版社

图书在版编目（C I P）数据

体育公共服务公私合作评价指标体系构建与实证研究/宋一民著. -- 天津 : 天津社会科学院出版社, 2023.10
ISBN 978-7-5563-0933-7

Ⅰ. ①体… Ⅱ. ①宋… Ⅲ. ①群众体育－公共服务－研究－中国 Ⅳ. ①G812.4

中国国家版本馆 CIP 数据核字(2023)第 209370 号

体育公共服务公私合作评价指标体系构建与实证研究
TIYU GONGGONG FUWU GONGSI HEZUO PINGJIA ZHIBIAO TIXI GOUJIAN YU SHIZHENG YANJIU
选题策划： 韩　鹏
责任编辑： 李思文
责任校对： 付聿炜
装帧设计： 高馨月
出版发行： 天津社会科学院出版社
地　　址： 天津市南开区迎水道 7 号
邮　　编： 300191
电　　话：（022）23360165
印　　刷： 北京建宏印刷有限公司
开　　本： 787×1092　　1/16
印　　张： 16
字　　数： 215 千字
版　　次： 2023 年 10 月第 1 版　　2023 年 10 月第 1 次印刷
定　　价： 78.00 元

目　录

第一章　绪　论 …… 1

第一节　研究背景与研究意义 …… 1

第二节　国内外研究现状梳理 …… 3

第三节　研究内容与技术路线 …… 19

第四节　本研究相关概念界定 …… 23

第五节　资料来源与研究方法 …… 27

第二章　体育公共服务公私合作评价的理论机理 …… 30

第一节　公共产品理论 …… 31

第二节　新公共管理理论 …… 37

第三节　新公共服务理论 …… 48

第四节　合作评价理论 …… 53

第五节　公共治理理论 …… 57

第六节　政府绩效评估理论 …… 62

第七节　体育公共服务公私合作评价理论模型 …… 66

第三章　体育公共服务公私合作评价的实践结构 …… 70

第一节　体育公共服务公私合作的发展历程 …… 70

第二节　体育公共服务公私合作的开展背景 …………………… 74
第三节　体育公共服务公私合作的现状分析 …………………… 81
第四节　体育公共服务公私合作的影响因素 …………………… 86

第四章　体育公共服务公私合作评价指标体系构建原则与逻辑 …… 97
第一节　体育公共服务公私合作评价指标体系构建原则 ……… 98
第二节　体育公共服务公私合作评价指标体系构建思路……… 100
第三节　体育公共服务公私合作评价指标体系构建逻辑……… 127

第五章　体育公共服务公私合作评价指标体系构建……………… 131
第一节　评价指标体系设计…………………………………… 131
第二节　评价指标体系筛选…………………………………… 145
第三节　评价指标体系初建…………………………………… 156
第四节　评价指标权重计算…………………………………… 160
第五节　评价指标体系确定…………………………………… 165

第六章　体育公共服务公私合作评价指标体系应用……………… 173
第一节　数据获得……………………………………………… 173
第二节　研究假说……………………………………………… 176
第三节　研究设计……………………………………………… 189
第四节　统计分析……………………………………………… 193
第五节　研究结论……………………………………………… 200

第七章　提升体育公共服务公私合作的策略建议………………… 203
第一节　政策建议……………………………………………… 203
第二节　研究创新……………………………………………… 220

第三节 研究不足 …… 229

第四节 研究展望 …… 233

参考文献 …… 239

第一章 绪 论

第一节 研究背景与研究意义

2016 年 10 月,《“健康中国 2030”规划纲要》提出了以“统筹建设全民健身公共设施,加强健身步道、骑行道、全民健身中心、体育公园、社区多功能运动场等场地设施建设”“加强全民健身组织网络建设,扶持和引导基层体育社会组织发展”为内容的完善全民健身公共服务体系发展目标。随着社会经济的发展和人民生活水平的提高,体育公共服务的重要性逐渐凸显。体育活动不仅有益于个人身心健康,也对社会和国家的发展产生积极影响。在体育公共服务的提供中,公私合作(Public-Private-Partnerships,简称 PPP)作为一种新的体制机制,被广泛应用于促进体育服务的全面发展。然而,目前缺乏一套科学有效的评价指标体系,无法全面客观地评估体育公共服务的公私合作效果,制约了公私合作的发展和提升体育公共服务水平的能力。因此,本研究旨在构建一套科学有效的体育公共服务公私合作评价指标体系,为促进公私合作的发展提供参考,提升体育公共服务水平,满足社会公众的体育需求。

一、研究背景

随着社会经济的快速发展和人民生活水平的提高,人们对体育公共服务的需求日益增长。体育活动不仅对个人身心健康有益,而且对社会和国家的发展也会产生积极影响。为了满足公众对体育的需求,我国政府发布了《“健康中国2030”规划纲要》,其中包括了以建设全民健身公共设施和促进基层体育社会组织发展为目标的完善的全民健身公共服务体系。在体育公共服务的提供中,公私合作作为一种新的体制机制被广泛应用于促进体育服务的全面发展。公私合作通过政府、社会组织和私营部门之间的合作与协调,共同提供体育公共服务,以满足公众的体育需求。这种合作模式可以整合资源,提高服务质量和效率,丰富体育项目和场地,促进体育产业的发展。然而,目前在体育公共服务公私合作领域仍存在一些问题。首先,缺乏一套科学有效的评价指标体系,无法全面客观地评估体育公共服务的公私合作效果。目前,评价工作大多局限于单一指标或经验性的评估方法,缺乏系统性和标准化。其次,缺乏对公私合作的定量研究,无法深入理解公私合作在提供体育公共服务中的实际效果和影响因素。

本研究将结合中国国情,考虑政府、社会组织和私营部门的角色和责任,构建一个科学有效的体育公共服务公私合作评价指标体系,并进行实证研究,以定量和定性的方法对体育公共服务的公私合作效果进行评估。通过该研究,可以深入了解公私合作的实际效果、优势和不足之处,为促进公私合作的发展提供科学依据,并为提升体育公共服务水平、满足社会公众的体育需求提供有力支持。

综上所述,面对中国体育公共服务发展的现状和挑战,体育公共服务公私合作评价指标体系的构建和实证研究具有重要的理论和实践意义。本研究将填补评价指标体系的研究空白,推动公私合作的有效实施,提升体育公共服务的质量和效果，促进体育事业的可持续发展。

二、研究意义

体育公共服务是体育学、社会学、公共管理等学科领域的重要研究方向之一。开展本研究可以推动相关学科的发展，拓宽研究视野，丰富理论体系，并为学科交叉研究提供新的切入点，本研究成果可以为政府决策者和实践者提供科学的参考和指导，帮助他们更好地制定和实施体育公共服务政策。评价指标体系的建立有助于评估公私合作的效果和质量，为政策制定者提供依据，提高决策的科学性和针对性。通过研究公私合作相关理论及应用，可以发现体育公共服务优势和不足，为公私合作的可持续发展提供参考，帮助各方更好地理解公私合作的机制和运行规律，优化合作模式、提高协同效能、实现长期稳定的合作关系，推动体育公共服务水平的提升，发现问题并提出改进措施，促进体育设施、活动和服务的普及和优质化，满足社会公众的体育需求。

综上所述，体育公共服务公私合作评价指标体系的构建和实证研究对于体育公共服务理论和实践领域都具有重要意义。它有助于推动体育公共服务发展、指导政策制定和实践行动，并提升体育公共服务的质量和效果，推动体育事业的可持续发展，对于优化资源配置、提高服务质量、促进社会公平、推动产业发展以及国际交流与比较都具有积极的推动作用。

第二节　国内外研究现状梳理

在国外研究方面，探讨了不同国家和地区在体育公共服务公私合作评价指标体系方面的经验和做法，如英国、澳大利亚、加拿大等。在国内研究方面，已有一些学者对体育公共服务公私合作的评价指标体系进行了初步探索,但仍存在研究薄弱、指标不够全面、科学性不足等问题。本研究将借鉴国内外相关研究成果,结合实际情况,构建更为完善和科学的评价指标体系。

一、国外相关研究评述

(一)关于体育公共服务的研究

1.关于体育公共服务政策的研究

伍尔科克(Woolcock M)提出良好的政策是必要的,但不足以提供高质量的公共服务。伊萨·安萨里(Isa Ansari K)发现政策制定、实施与公共服务质量和公众满意度评价之间存在复杂关系。蒂亚戈·科雷亚(Correia T)调查了财务紧缩政策对葡萄牙公共医疗服务质量的影响:维持医疗质量的政策目标因缺乏资源、医疗居住条件恶化以及在较小程度上行政干预临床决策而受到破坏。巴里·霍利汉(Houlihan B)对体育身份认同以及公共政策的关系进行了讨论,该研究首先讨论了体育与民族文化之间的关系,进而分析体育如何帮助国家实现领土完整,最后对加拿大、爱尔兰以及英国政府采取的体育政策进行了评价。莎莉·肖(Sally Shaw)通过对英国政府发布《体育均等的标准框架》研究来调查体育均等化政策的制定,提出该标准代表体育部门"一刀切"制定政策的转变,但这种基于审计的评估标准测量的是可量化的指标,具有一定的局限性。罗素·霍耶(Russell Hoye)等人分析了社会资本概念、社会包容和社会福利等相关方面在澳大利亚体育政策中的表现方式,该研究以新南威尔士州、维多利亚州、昆士兰州、西澳大利亚州和南澳大利亚州为研究对象,选择这些州为研究对象是因为它们有独立的政府机构或部门来负责体育政策。研究表明,体育与社会资本之间确实存在联系,体育组织能够积极地生产社会资本已经成为共识,尤其表现在体育组织能产生社会联系,增强社会凝聚力。杨玉霜(2021)对澳大利亚青少年不同时期的体育公共服务政策进行研究，发现澳大利亚青少年体育公共服务政策强调：坚持多元主体参与政策制订和管理，注重体育公共服务的整合；注重遵循青少年身心需求，强调以人为本；坚持青少年体育政策目标与问题导向的统一性。但通过分析与研究各州体育政策可以发现，各州政府通常将体育在连接社会资本方面的作用概念化，各州政府的体育政策都存在一些相同的问题，其中包括概念化体育资本，未能准确找到社会资本的来源等，五个州政府在体育政策上的相似之处表明各州政府在制定体育政策时存在一定程度的政策转移。

2. 关于体育公共服务供给的研究

很多学者从不同的角度来讨论公共服务供给机制，比如公共服务的本质属性和政府部门应该承担的职责。如恩斯特(Ernst J)等人的观点表明，不管是政府提供的公共服务还是私人企业提供的服务都是可以共同存在的，社会民众集体投票评价出来的质量高是决定选择哪一种公共服务的提供方式的主要依据。格林韦尔(Greenwell T C)的观点主要是“公共服务契约”可以适用于公共管理改革的若干矛盾和分歧中，在提供公共服务的政府部门和其他部门(包括市场企业组织、社会组织)之间都可以利用服务契约的方式来实现合同供给，在服务契约的形式上可以采用直接和间接两种方式，公共服务契约主要讨论了公共服务的运营管理、政府部门与非政府部门的产权性质以及资金的筹集等问题。国外学者对公共服务的提供方式如何选择也有很多见解，比如派区克(Francois P)提出差异化设计社会契约可以影响到公共服务的提供方式，并且认为在公共服务的供给中，提供方式的差异化选择，其实质就是设计出不一样的契约。还有一部分学者对“公共服务契约”中的失灵现象进行了讨论。在公共服务供给中如果出现“契约失灵”就可能会导致公共服务的供给主体出现竞争无效的情况，但是非营利性组织可以对市场出现的“契约失灵”进行有效的弥补，这就进一步验证了非营利性组织是可以作为公共服务供给领域中的一个重要主体。

对体育公共服务供给评价的研究主要分为两个方面:一方面是公众对体育公共服务满意度的主观评价;另一方面是对体育公共服务质量的客观评价。克里斯托弗(Christopher)认为,通过公众满意度来评价体育公共服务供给有两个重要原因:其一,公众满意度是体验性的,也是公众独有的,它取决于公众的主观感受,而不是其他质量标准;其二,公众满意度可以在体育公共服务供给质量与公众行为意图之间起到中介作用,也就是说,公众依据对供给质量的认知与评估,进而作出满意度评估,这种带有个人情绪的满意度评估会直接影响公众参与体育活动的热情与意愿。因此,克里斯托弗通过对 218 名调查对象的问卷调查,分析公众对体育公共服务的满意度与体育设施之间的关系。研究表明,公众的满意度与体育设施质量在一定程度上呈正相关,除此之外,公众对社区体育俱乐部提供的体育健身指导、公共体育信息等服务也有很大关注。努维亚拉·阿尔贝托(Nuviala Alberto)等对西班牙 2027 名体育公共服务使用者进行满意度调查,并建立满意度预测模型。该调查设计了五个项目的量表以评估公众对西班牙各种体育组织提供的体育公共服务的满意度,研究表明公众对陆上主题的体育公共服务满意度最高,对拍类运动次之,对抗类运动相对较低,但体育公共服务供给质量与满意度的结果刚好相反。对此,调查者认为,体育公共服务供给质量的提升是一个长期的过程,而体育公共服务满意度则是针对某一特定服务的临时判断,它更倾向于一种感性判断。

刘亦德(2009)采用 DEA 测量方法,评估英国三个公共休闲健身中心的绩效,并指出,简单性和包容性应是衡量体育公共服务质量最重要的标准。金志祥(2019)利用模糊综合评价法判断各种因素对体育公共服务评价指标的影响,进而判断出城市体育馆体育公共服务的总体水平,该研究认为影响城市体育场公共体育服务评价结果的主要因素有区位因素、经济因素、政治因素和文化因素。

(二)关于公私合作的研究

早在西方古希腊时期,政府开始提供健身的设施,亚里士多德(Aristotle)所撰写的《政治学》中说道,当时已经拥有供于人们加强身体健康的地方。在近代社会,西方发达国家非常重视体育公共服务,研究文献得出结论,他们认为体育健康是人类生活的基本条件,推崇体育健康有着崇高作用。现在,西方发达国家的体育公共服务已经渗透到各个基层领域,拥有成熟的运行机制,值得我们国内学习借鉴。新加坡在 1975 年就发布了《体育设施蓝图计划》,现在已经形成各个阶级领域的整体体育公共服务覆盖模式。德国较早采用了体育公共服务 PPP 模式,含有 BOT(Build-Operate-Transfer),BT(Building-Transfer),TOT(Transfer-Operate-Transfer)等多种运行机制,为民众提供较为成熟高效的体育公共服务。而英国的体育公共服务以需求导向为侧重点,重视民众的体育需求,尽可能满足人们享受高品质体育公共服务的需求。

美国公私合作的研究主要集中在三个方面:第一,关于公私合作基础理论的讨论。多米尼克·卡斯托斯(Dominic Custos)等提出公私合作在美国是新概念、旧现象。其文章认为美国公私合作形式上的分类越来越趋于国际化。第二,关于公私合作的历史沿革的研究。丹尼尔 T. 普伦基特(Daniel T. Plunkett)等以每任总统执政时期作为时间段,概述了各个时间段 PPP 的发展情况,对公私合作的进一步研究和探讨具有启发意义。第三,公私合作在特定行业领域的应用研究。这方面的著述颇多,安东尼·沃尔(Anthony Wall)搜集整理了诸多零散的美国 PPP 研究文献,详细介绍了美国公私合作在交通运输、健康教育等主要领域的应用情况。此外布鲁诺·韦尔内克(Bruno Werneck)等介绍了美国 PPP 的发展情况。

加拿大对本国 PPP 模式研究相对丰富,主要包含三部分:第一,对加拿大 PPP 模式发展动因的探讨，博德曼（Boardman A E）等认为 PPP 模式作为基础设施投资的一种方式，在加拿大得到了长足稳定的发展。马蒂·谢米亚蒂基（Matti Siemiatycki）以加拿大基础核实项目交付效率为例，探讨了大型基础设施项目的成本超支和工期延误问题，最终引发政府预算赤字以及公众对政府能否履行承诺失去信心，而成本超支和交付延迟的三个主要原因是技术上挑战、过度乐观以及战略失误。该研究给出了相应解决方案，分别为公共监管部门应改进项目流程和结果绩效监管体系，其中建设资产管理框架和项目数据平台，以及完善的报告信息与共享是一个必要且基本的任务；政府转变激励措施，通过动态跟踪，奖励表现良好的公司和承包商，并确保产出结果可预测性；保证负责监管大型项目的公共部门工作人员相关技能，特别是在执行合同和解决纠纷等管理技能方面应得到更好的培训；政府可以利用基于经验项目数据更精确地预测和进行项目结构设计；公私合作 PPP 模式可以帮助政府更有效地控制成本并按时交付项目。第二，对加拿大 PPP 模式监管的探讨。迈克尔·奥帕拉（Michael Opara）等以加拿大阿尔伯塔省为例，对 2004—2016 年参与 PPP 项目的公共部门负责人、专业咨询机构、私营企业、社区倡导者等进行了访谈，探讨了政治制度环境、政策支持与商业环境、公共部门组织能力 PPP 项目绩效的影响。研究表明，阿尔伯塔省高效的 PPP 项目依赖于政策措施的完善性以及持续的政府承诺和政治支持，建议公共专业监管机构应以学习为导向具备有效组织能力，制度环境要素能发挥出相互强化和协同效应。第三，对加拿大 PPP 模式评估方式的探讨。希梅尔（Himmel M）围绕两个理念展开讨论，一是创新是 PPP 模式特有的，应作为与其他采购方案加以区别的标准之一；二是创新性应该以总成本、质量和交付时间以外的定量方式表现出来。此外，该研究认为设计 PPP 采购流程可以通过私营部门竞争与合作产生隐性的创新驱动因素。加拿大本国研究文献虽然丰富却零散，没有系统化地展示加拿大 PPP 模式 30 年发展历程的突出特点和优势。

二、国内相关研究述评

(一)关于体育公共服务的研究

1.关于体育公共服务均等化的研究

关于体育公共服务均等化的研究十分丰富。刘亮等(2015)认为体育公共服务均等化是长期动态过程,有其内在机制与外在动力的协同影响,具有非线性、复杂性特征,需要从定性与定量相结合的角度去把握。井红卫等(2022)认为,公共体育服务均等化的发展能够有效地维系国民社会稳定,提高社会治理水平,增强人民生活的幸福感。一些学者对体育公共服务均等化内涵做出研究,冯国有(2007)提出“体育公共服务均等化”是指“在某一行政区域内(区县、省市乃至全国),无论身处何地、无论何种社会阶层的公众,都能享有大体相同的公共体育资源和体育公共服务”。郇昌店(2008)等人则认为体育公共服务均等化是指公共组织能够按照全国一致的标准向公民提供基本的公共体育产品。张利(2010)等认为:“体育公共服务均等化是指政府要为社会公众提供基本的、在不同阶段具有不同标准的、最终大致均等的体育公共产品和体育公共服务。”这些研究者对于体育公共服务的均等化理解不一致,但他们的共同特征是对于均等的描述还较为模糊,未能明确均等是指机会均等还是结果均等,是让每个公民享受同样的产品还是获得同样的投入,这种模糊性导致概念的实践操作性不强。

一些研究者着重分析了我国体育公共服务不均等的现状和原因。冯国有(2007)认为,我国体育公共服务不均等现状主要体现在三个方面:区域间、城乡之间以及城市中强弱群体之间,而造成不均等的原因主要在于区域经济发展水平差异、城乡二元结构和过度的体育市场。赵广涛(2022)认为,城乡基本体育公共服务的巨大差距是不平衡不充分的重要表现之一。郭海英(2022)等认为,在体育公共服务发展期间,在多种因素影响下体育资源偏离了均衡发展的轨道,使得城市的体育资源相对农村更丰富,而且城乡二元化的现象异常明显。还有一些研究者运用实证研究的方式分析体育公共服务的不均等现状,如井红卫(2022)等人运用文献资料法、逻辑分析等研究方法对九江市城镇公共体育服务体系现状进行分析,指出健康中国战略下九江市体育公共服务存在城乡体育事业差异不均、政府服务体系缺位、资源供给不充分、利用效率与需求无法对等、人民群众体育意识缺乏、群众主体重心不明、定位不明晰等问题。范宏伟(2017)等人通过研究广东省、北京市等五个省市体育公共服务现状,指出我国体育公共服务存在纵向上人均财政支出依行政级次差距大、横向上同级政府所提供的公共产品不均等、东部发达省市的体育公共服务水平较高等问题。袁春梅(2014)等运用泰尔指数法,对我国2006年至2011年体育公共服务资源配置的均等化水平进行了测度和地区结构分解,得出省际体育公共服务资源配置存在明显的区域差异,群众体育场地面积的均等化水平最低,体育事业经费次之,公益性社会体育指导员最高;区域内的不均等是造成体育公共服务资源均等化水平差异的主要原因;体育公共服务资源的均等化水平存在较大波动,我国体育公共服务资源配置均等化水平总体偏低等理论。

上述研究揭示了我国体育公共服务不均等的现状,进一步讨论改善该现状的对策和措施需要以问题的现状为基础。然而,从目前的研究成果看,大部分的研究缺乏实地调查,仅以理论和经验进行论述,虽然有些学者进行了实证研究,但由于时间等多方面因素影响,其数据可信度存在疑问,因此,对于这一主题的研究还需要进一步深入。

关于实现我国体育公共服务均等化的措施,刘亮(2013)认为,运用模型化思维,对体育公共服务均等化的评价进行理论剖析非常重要。吕诗蒙等(2018)认为,基于获得感提升的视角,福利平等才是体育公共服务均等化的题中应有之义。郁昌店等(2013)认为,应当从建立以绩效为导向的工作考核制度、建立中央对地方的公共体育服务问责制、建立与公共育服务优先次序相适应的公共财政预算机制、通过转移支付制度缓解地区发展不平衡、改进体育公共服务的决策机制等多方面入手,促进我国公共体育服务均等化发展。郭海英等(2022)认为,在体育公共服务均等化推进过程中需要利用“互联网”的助推作用,以人为本,结合平台构建,实现体育公共服务均等化的创新。井红卫等(2022)提出,城乡应当互动渗透并加强政府与人民群众之间的密切联系,政府应当明确民众对于不同公共体育服务的供给需求,立足不同的群体,共同助力健康中国战略。蓝国彬等(2018)提出应当建立城乡统筹的公共体育服务供给制度、建立农民对体育公共服务的需求偏好表达机制的措施。还有一些研究者专门从改善农村体育公共服务的角度来讨论弥补当前城乡体育公共服务不均等现状的举措。赵广涛(2022)提出,应当优化农村体育公共服务财政配置、构建不断完善的利益表达机制以增强农村体育发展的话语权,政府应当采取积极措施,促进加快农村体育产业化进程,加快农村学校体育发展步伐,以尽快推进城乡体育公共服务一体化建设。齐立斌等(2007)人提出,应当实现城乡体育发展一体化、加大农村体育服务经费投入和财力供给、建立农村体育公共服务评价体系、调动农民参与到体育公共服务体系建设中来等措施。从上述研究来看,许多研究者针对我国体育公共服务不均等现状的原因提出了建议。但大多数研究只提出相应对策,没有更为切实地考虑各种对策制约因素及是否能顺利实施,以至于这些对策在解决现实问题的效度上并不显著,因此,更深入地研究还十分必要。

2. 关于体育公共服务供给制的研究

大多数研究者认为体育公共服务的供给责任在于政府,政府不仅承担项目的投资和建设,还扮演着管理者的角色。但是随着我国市场经济的飞速发展和受新公共管理与新公共服务理论的影响,越来越多的国内研究者开始主张我国政府应该创新公共服务的供给机制,改变原有政府直接投资建设公共体育设施和提供体育公共服务的方式,引入市场机制,以更有效率地向公民提供体育公共服务。吕诗蒙(2018)等认为,政府供给制度容易受社会支持、仕途晋升等因素影响而产生政治偏好,进而形成不同利益群体之间的博弈。唐立慧等(2010)指出,我国体育公共服务供给的主要困境在于政府投入不足、供求矛盾,而市场化是解决政府供给困境的有效途径之一,这并不是说体育公共服务的所有方面都要推向市场,而是应该把那些政府供给成本高、效益低的领域,如公共体育场馆服务、公共体育设施服务、国民体质监测服务等,推向市场化。牛瑞新等(2022)提出,体育公共服务供给方式应逐步克服体制屏障、向多元主体协同型供给方式转变,通过政府、市场与社会组织之间的资源流通与信息共享,实现优势互补,克服有限理性与职能缺陷等发展障碍,在保障各方基本利益的前提下实现合作共赢,为实现我国体育公共服务可持续发展奠定制度基础。李井平(2011)提出,虽然由政府提供体育公共服务是政府的核心职能,但并不意味着所有的体育公共产品和服务都由政府直接供给,而应当创新供给策略。他认为关键在于体育公共产品或混合公共产品可以适度市场化,政府应该组织好体育公共产品的多元供给,推出竞争性体育产品经营活动。

一些研究者讨论了政府通过购买、外包体育公共服务可能遇到的问题及应对策略,赵峰等(2021)通过对当前江苏非政府组织承接政府购买公共体育服务监管困境及其优化措施进行研究,指出江苏非政府组织承接政府购买公共体育服务监管存在法规制度不健全、监管依据不足,监管机制不完善、监管运行不畅,监管人员不专业、监管无法持续,监管方式不先进、监管效果不佳等问题。针对这些问题提出了应当加快监管法规制度体系建设、确保监管机制体系畅通与完善、重视对监管人才队伍的培育、逐步建立动态化监管方式等措施。许多等(2020)认为,体育社会组织是社会力量的集中代表和政府公共体育服务职能转移的承接主体,激发其积极性可以提高公共财政的使用效率,增强公共服务供给有效性。郭修金等(2016)通过实证研究广东省和上海市政府向体育社会组织购买体育公共服务的实践情况,指出这种供给方式有利于满足群众多元化体育需求、降低政府行政成本、提升体育社会组织的职业化水平和社会认同度等;同时,当前的购买实践也存在一些问题,包括政府购买的广度和深度有待拓展、政府购买程序有待规范化、体育社会组织的公信力还有待提升。他们针对这些问题提出,应该通过相关法律法规的建设,明确政府购买的合理范围、程序和决策评价机制,同时要积极培育体育社会组织的服务能力。吴筱珍等(2019)运用文献资料和逻辑分析等方法对上海市政府购买公共体育服务经验进行研究,认为上海市在相关改革中具有政府职能转变快,执政理念新;政府行政成本低,公共体育服务供给效率高等特点,但存在相关法律法规的缺失、专项财政资金的缺位、社会体育组织缺少必要的竞争性、社会体育组织从业人员专业技能不高等问题。她提出要促进上海市政府体育公共服务可持续发展,一是要转变理念,培育公共体育服务市场,建立比较完善的制度框架;二是要不断拓宽融资渠道,不断深化、细化制度建设;三是要重视相关人才培养,强化制度执行,全面推进政府购买基本公共体育服务的发展。

3. 关于体育公共服务评价的研究

冯靖媛等(2023)以国内外期刊公开发表的关于体育公共服务绩效评价的期刊论文作为研究对象,采用文献资料法、知识图谱法对我国体育公共服务绩效评价研究的时空分布、动态识辨与发展前瞻进行探讨与分析。通过梳理体育公共服务绩效评价相关研究,将其划分为三个发展阶段与四个研究聚类,主要包括体育公共服务绩效评价理论、评价主体、评价指标与评价工具四个研究动态视角。何国民等(2021)从经济发展角度对体育公共服务评价进行了研究,该研究在已有协调发展评价模型进行分析的基础上，根据体育公共服务与经济协调关系的特点，选用隶属函数协调发展评价模型对区域体育公共服务与经济协调发展进行评价，研究显示山西、河南、山东、新疆、安徽、天津、四川、西藏、湖南、河北 10 个省、自治区、直辖市的体育公共服务发展水平与其自身的协调值还存在一定差距，减少差距并达到协调值标准，应加大对体育公共服务建设力度，加快体育公共服务的发展，使体育公共服务发展水平达到与经济发展水平相适应的水平。

关于体育公共服务的效果评价方面，有些学者以地区划分调查居民对体育公共服务的满意程度，张磊（2023）以石家庄市体育公共服务成效评价与提升策略为研究对象，分析评价了石家庄市体育公共服务在场地设施、赛事活动、组织队伍、其他服务、相关保障、绩效反映六个方面取得的成效，该研究认为石家庄体育公共服务存在人均体育设施数量少、出现场地设施设备老化现象且资源配置不合理、体育场馆设施对外开放程度不够、运营效益和利用率不高等问题，并提出多元化互联网平台完善体育政策、优化体育工作人员效率，拓宽经费渠道、综合多方力量、加强相关体育工作人员保障力度、调动石家庄市民的体育锻炼积极性、合理整合石家庄各县（市、区）资源、推进石家庄体育公共场馆对外开放、统筹场地基础设施规划、丰富全民赛事活动、扩大赛事的宣传力度、优化石家庄体育组织队伍、升级各个县（市、区）体质监测等策略。李同彦（2020）等对齐齐哈尔四区常住人口进行问卷调查，问卷内容主要包括被调查者性别、学历、年龄、职业等基本情况，并对齐齐哈尔体育公共服务修建体育场地设施、体育经费投入、政府出台法规条例等八个方面进行评价，设定期望值与满意度指数 1—10 来供居民选择，充分了解齐齐哈尔居民对于齐市体育公共服务的看法。研究结果显示不同性别、年龄、职业对体育公共服务的期望值与满意程度存在差异，并提出政府需要重新界定行政部门角色、明确政府职能、建立健全相应法律法规等，从而建设服务型政府。有些学者认为我国体育公共服务构建评价指标体系存在局限性,刘亮(2013)认为,当前我国体育公共服务评价指标体系由于时代背景的限制,前期研究在此方面略显不足,且大多研究评价指标体系的构建没有一定的理论基础或理论模型支撑。刘巍等(2011)认为,地方政府是体育公共服务的主要供给者,应该着力构建地方政府的体育公共服务评价体系,并提出构建评价体系中应当存在两级指标,一级指标是功能价值、感性价值、社会价值和客观代价四个维度,每个一级指标下又设有二级具体测量指标。目前我国体育公共服务的实践中最为缺少的就是健全的评价指标体系,因此评价指标体系的构建尤为重要,当然,这些指标体系是否适合我国体育公共服务发展还有待更进一步讨论和检验。

(二)关于公私合作的研究

1. 关于公私合作可行性的研究

一些学者针对公私合作模式可行性进行了探讨,张陶(2019)认为,PPP 模式打破了传统单一维度或二维的供给模式,是一种更具创新的多维主体共同合作治理模式,该模式的构建追求政府部门、社会资本和社会公众三者间的平衡与统一,将政府、社会资本和社会公众三方主体彼此关联,建立起三方合作共赢的体系。孟巍(2019)认为,PPP 模式作为我国新型城镇化建设的重要融资手段,能够有效缓解建设资金紧张、专业技术落后、整体规划缺位、效率水平低下等方面的矛盾。王琦等(2022)认为,PPP 模式的实施有效推进了基本公共服务均等化、普惠化、便捷化发展,较大程度改善了人民物质和精神生活条件。张博文等(2020)认为,该模式弥补了传统供给存在的低端供给过多、高端供给不足等缺陷,推动了供给端的结构性调整,有利于扩大供给,确保供给的可持续性,使我国公共体育服务的发展可以更好满足人民群众的需求。

有些学者针对 PPP 模式存在问题及应对策略进行了研究,焦长庚(2016)认为,就现我国目前的研究领域,还是处在一个初级阶段,理论性、实践性、科学性都应该加强，在体育公共服务领域，接触涉及的还为数不多，多数城市依旧采取是政府责令制的模式，形式单一、运行效率低，PPP 项目实施的过程中，政府部门的监督监管体系不健全，没有充足的法律保障；投资各方对 PPP 项目的认识程度不高，对项目的整体规划没有一个较准确的定位；PPP 模式运行的综合性人才匮乏；风险分担与利益协调困难，政府部门与私营部门在没有一套完备法律体系的约束下，难以各司其职，部门企业诚信失约问题严重；市场机制运行不合理，政务信息开放透明度较低，民众参与积性不高等问题，并提出 PPP 模式下的体育服务供给发展路径有：建立健全 PPP 模式下法律法规制度，在政府部门与私营部门的协议下，对项目规划做出准确制定；创建针对于体育公共服务领域科学合理的 PPP 模式监管与绩效评价体系，做好前期人才引进与后期专业技术型人才的培养；加强各方在 PPP 项目实施中的交流合作，让人民群众也参与到地方体育公共服务的项目建设中来，为项目的细节方案献计献策；通过各种合理合法的渠道扩宽企业融资，为私营企业的融资降低门槛，减少融资成本；树立合理的风险分担机制，尽可能地降低风险发生的概率，要做到预防与保护并存，同时明确政府部门与市场边界的产权问题，确保人民群众的利益不受损害，享受最优质的体育公共服务等一系列措施。

王琦等(2022)认为，PPP 模式存在市场环境不稳定、组织实施不规范、运营效果不及预期等情况，针对这些问题，她提出应当多措并举优化营商环境、用好项目全生命周期管理机制、激发市场创新创造活力。井敏(2022)认为，PPP 模式对传统公共服务供给模式提出了挑战，政府不再是唯一供给主体，并提出政府应当提高精明购买能力，政府公职人员必须具备公共服务价格的计算能力和谈判能力，只有这样，PPP 模式才能在我们国家的基础设施建设领域应对挑战、大显身手。刘晓慧(2021)以江苏省为研究对象提出 PPP 模式下地方政府将承担巨大的支付压力，私营企业运营不善将负债累累，丧失自身经营，该学者认为应当重视 PPP 模式的金融属性、改善 PPP 模式区域发展不均衡问题、推动 PPP 项目立法、优化原有投资方式、改变原有运营策略、构建资本联动机制。张博文等(2020)指出，公私合作模式存在各主体协同意愿不强、政府部门监管职责不明确、社会资本的权利和职责不明确、社会公众的监督权不明确、缺少利益协调保障与风险分担机制、缺乏能有效监管的法律制度等问题，提出必须要找出各主体协同度不高的问题，以完善的制度和机制“护航”，促进各主体协同，以提高我国公共体育服务 PPP 项目的全面发展。

2. 关于公私合作相关理论的研究

一些学者针对 PPP 模式相关理论进行了讨论，刘薇(2018)提出，PPP 包含风险分担、利益共享和伙伴关系三个主要特征，但在实际运行时需要培育契约精神。此外，从传统和交易成本视角公共物品理论下政府扮演垄断与非垄断两个角色，非垄断者需转变为监管者和合作关系者。邢会强(2015)认为，应该积极制定专门的相关法律法规，确保融资信用担保、仲裁和招投标顺利进行，保护社会资本的合法权益，政府规范监管行为。PPP 模式是公私部门合作的一种制度安排，公共部门拥有公权力的行使和公共利益的保护义务。PPP 项目具有公共性，其制度目标和理论基础内在一致，政府具有保障与监督责任。姜爱华(2014)认为，公共服务与产品的采购已经从“节资防腐”转向“物有所值”，应当从加强采购计划制定、采购标准化和透明采购程序及第三方监督实施“物有所值”评估。总之，引入 PPP 模式有利于地方政府治理能力的提升，但负面效应逐渐凸显，如缺乏契约精神、盲目上马、利益与风险分担失衡和权力配置不均衡等，需建立规范的法律法规体系以此来监管 PPP 项目的治理。

3. 关于公私合作在体育公共服务应用的研究

一些学者对 PPP 模式在我国体育公共服务中的实际应用进行了研究，董传升等(2017)提出，体育事业的发展对体育设施的要求越来越高，体育场馆作为公共资源也正在由政府采取“公私合营”模式进行建设。刘波等(2009)提出,地方政府在大型体育场馆建设中如何转变角色,如何与市场建立风险分担问题至关重要。郑志强等(2011)认为,利益分配的合理性才是PPP项目能否成功实施的关键。丁云霞等(2017)发现PPP模式主要理论基础是分工协作理论、公私合作伙伴关系理论和公共选择理论,提出发展的主要动力有:政府供给压力与日俱增,寻求社会力量合作能实现更好的绩效;富足消费成为经济动力,市场化供给更能满足公众需求;为实现效率、自由等目标的动态平衡,需要政府“掌舵”,社会“划桨”;社会资本具有逐利的商业动力,体育企业家拥有独特的体育情怀;新科技的应用,助力社会力量参与体育服务的转型升级;制度环境日趋完善,为社会力量参与供给带来重大利好。

有些学者针对PPP模式运行中存在的问题提出了对策和建议,邓德林等(2021)认为,我国体育公共事PPP模式存在政府监管对体育公共事业“公共性”判定陷入困境、PPP模式下政府与市场的角色混淆、监管体制与监管制度的设计缺失等问题,并据此提出体育公共事业PPP模式政府监管的优化路径需要机制创新、体制创新、法律制度创新以及监管体系创新,从而通过加强对体育公共事业PPP模式的政府监管力度,来增加体育公共事业供给,并确保供给质量。韩雪(2017)认为,在我国体育公共服务体系中导入PPP模式的四项原则,提出应当提高社会资金使用效率,激发经济活力;提高项目运作效率,达成双方互惠;转变政府职能,建立独立的管理机构;形成垄断竞争的市场结构;形成差异化的竞争行为;提高资源配置效率,增加商业利润。李明(2016)基于供给侧视角审视我国公共体育服务体系建设过程,提出仍然存在政府相关部门和体育行政部门管理过于僵化和政策碎片化、社会资本部门进入门槛高且参与面窄、公民体育消费需求多元而表达机制失衡、公共体育服务财政供给不足等问题,进而导致公共体育服务供给效率与公平均等化受阻。为了提高公共体育服务供给效率与质量，该研究提出运用完善顶层设计下的制度安排与配套实施机制、提高 PPP 公共体育服务项目的认知水平、行政管理体制改革推动体育行政部门职能转变、社会体育政策碎片化向体系化整合等路径，可以在制度安排上鼓励社会资本进入公共体育服务供给领域、构建 PPP 项目公私合作伙伴关系。臧博等提出体育场地设施 PPP 模式在准备阶段存在政府有限理性决策失灵致使项目搁浅，规划设计缺少前瞻影响私营部门参与的问题；采购阶段存在竞合参与主体自利动机诱发履约争议，政府非规范性操作增加隐性债务风险的问题；执行阶段存在争夺剩余控制权力影响预期运营效果，项目运营失败浪费稀缺公共服务资源的问题。在价值网构建的基础上提出：引入互补者实施线性决策最优配置公共服务资源，建立双向互信沟通机制实现竞合参与人集体理性，强化法律规制和社会规范实现公共服务协同增效等实践策略。牛瑞新等(2023)依托财政部政府与社会资本合作中心(CPPPC)项目库数据，运用统计分析法与比较分析法对我国 26 个省份公共体育服务 PPP 项目进行了研究，研究结果表明公共体育服务 PPP 项目自 2011 年发展至今，始终存在区域发展不平衡的问题，为确保中国公共体育服务 PPP 项目可持续发展，应当进一步营造良好的投融资环境，坚持运作的规范性，构建“产事融合型”回报机制，设置合理的合作年限。

第三节 研究内容与技术路线

一、研究内容

体育公共服务公私合作评价相关研究广受关注，围绕本书选题和主要研究问题，本研究重点回顾了体育公共服务公私合作的基础概念以及评价的相关研究,这些研究为本书构建实现程度的评价视角、指标与评价模型提供了扎实的研究基础:现有评价的相关理论基础展现了西方理论与中国体育公共服务公私合作评价研究的互动,讨论了体育公共服务公私合作评价研究的大致范围与公平取向的价值,现有维度与指标展现了学界对体育公共服务公私合作指标的思考,为下一步的指标选取提供了最直接的研究基础;现有研究方法与评价手段从技术角度上讲成熟规范,但其价值意蕴也需要引起进一步的思考。但现有研究整体而言,也存在诸多不足。本节将明确本研究的主要内容和研究目标。研究内容包括绪论、体育公共服务公私合作评价的理论机理梳理。评价指标体系构建将通过文献综述和专家访谈等方法,借鉴国内外研究成果,结合体育公共服务公私合作的实际情况,确定适用于我国的评价指标体系框架,并细化各个指标的构建要素和评价方法。实证研究将选择具有代表性的体育公共服务公私合作项目,运用构建的评价指标体系进行评估,通过数据收集和分析,验证评价指标体系的可行性和实用性。

本文研究内容包括以下几个方面:

第一部分:绪论。该部分作为本研究的总起,即导出本研究拟解决的问题。绪论主要包括研究背景和研究意义、国内外研究现状梳理、相关概念界定、研究内容与技术路线等。重点对国内外文献进行了综述,根据本研究的主题与提出的问题对国内外体育公共服务相关文献进行了综述,包括研究热点、存在问题和应对策略。

第二部分:体育公共服务公私合作评价的理论机理。该部分对 PPP 模式相关理论进行了综述,主要涉及公共产品理论、新公共服务理论、合作评价理论、公共治理理论、政府绩效评估理论等方面。

第三部分:体育公共服务公私合作评价的实践结构。该部分梳理了体育公共服务公私合作的发展历程、开展背景、现状分析和影响因素。

第四部分:该部分梳理了体育公共服务公私合作评价的实践结构及

指标体系构建原则与逻辑。

第五部分:体育公共服务公私合作评价指标体系构建。该部分分为评价指标体系设计、评价指标体系设计、评价指标体系筛选、评价指标体系初建、评价指标权重计算、评价指标体系确定、评价指标信度分析六部分。从而确定评价指标是否可靠,为后续的评价工作提供依据。

第六部分:体育公共服务公私合作评价指标体系应用。该部分分为数据获得、研究假说、研究设计、统计分析和研究结论五部分。结论认为,体育公共服务公私合作评价指标体系应综合考虑政府和私人组织的角色和责任、资源投入和利用效率、服务质量和效果等方面的指标,以全面评估公私合作的效果和贡献,为进一步优化和改进公私合作提供参考依据。

第七部分:结论和建议。该部分从政策建议、研究创新、研究不足和研究展望展开。得出未来体育服务公私合作研究可以从政府和企业的合作、社会组织的参与、市场机制的引入和国际合作等方面展望,促进体育公共服务的公私合作,提升体育公共服务的质量和效益的建议。

二、技术路线

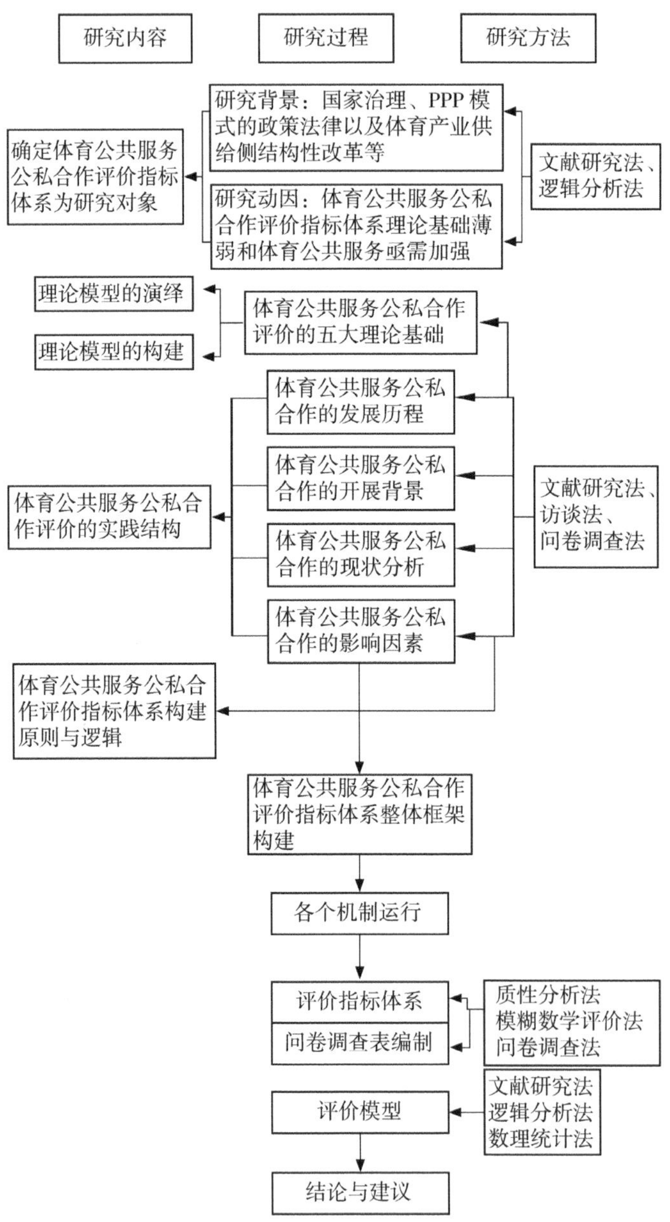

图1　体育公共服务公私合作评价技术路线

第四节 本研究相关概念界定

一、公共服务

公共服务一直以来就是研究的热门话题,但是对于公共服务的定义目前还没有统一的定义界定。大量的国外学者围绕公共服务的概念展开了大量的论述,既包括政治哲学方面的观点,如认为公共服务是国家的义务与责任,应得到财政的支持,政府必须主动作为,保障公民的公共服务;也包括公共经济学方面的观点,如福利经济学派指出了社会服务应包含具有公民权利性质的公共服务、福利服务;公共选择学派则认为公共服务需要选择与公共产品特征相匹配的生产方式。新公共管理的倡导者强调公共产品的市场化供给,而新公共服务理论则主张在政府行为和公共服务供给中,强调公民权和公共利益。德国社会政策学派的阿道夫·瓦格纳(Adolf Wagner)在19世纪就提出了公共服务这一名词。在这之后法国法学家莱昂·狄骥(Leon Duguit)在前人的基础上也对公共服务进行了研究补充,他认为政府来进行控制和提供保障,这就是公共服务。法国学者古斯塔夫·佩泽尔(Gustave Peiser)认为,公共服务是一种利益必须得活动。在这之后公共服务大多成为政府部门履行职责的行为,在21世纪之后公共服务成了人民的基本权利,指基础、经济、安全、社会方面的服务。国内学者对公共服务的研究主要分为两类,一类是将公共服务与公共物品联系起来,如江明融(2007)提出,公共产品与公共服务实际上是同一个意思,安体富等(2009)也提出,公共服务属于公共物品范畴,主要由政府来提供。另一类观点将公共服务与公共利益结合,如柏良泽(2007)就明确指出,服务是指为集体或别人工作,或为他人提供帮助,即满足他人需求的行为。公共服务即满足公共需求的行为,是为公共利益提供的一般性或普遍性服务。所以公共服务不受物品性质的限制,公共服务可以界定为以公共利益为目的提供各种物品(包括有形物和无形物)的活动。

本研究认为现阶段的公共服务是指政府等公共组织以公共价值为导向,以公众满意度为目标,采用多种供给方式,为公众提供满足其需求的服务。

二、体育公共服务

杨年松(2002)首先提出体育服务产品的概念,认为"体育服务产品是体育劳动成果,以服务内容反映体育服务产品的属性,结合两者构成体育服务的产品定义"。同年陈颖川等(2002)将公共体育服务所提供的公共产品与公共服务的概念二者合一,在体育领域率先提出"高校资源配置效率与公共服务体系模式间的转换,进而建立体育公共服务体系实现体育资源优化配置"。可以看出最早的概念提出只是将体育服务于公共服务二者相结合。在这个基础上王晓等人(2003)首次将国家投入前提考虑在以体育产品为主要公共产品的公共服务范畴中,将国家投入作为公共体育服务体系建立的基础和前提,推导出公共体育设施这一概念,其认为"公共体育设施不应只包含传统的用于开展专项体育活动的体育场馆,并指出学校、公园等传统公共场所也是群众开展体育活动的重要场所,因此这些公共场所也都应包括在公共体育设施内,同样是公共体育的一部分"。

"公共体育服务"与"体育公共服务"这两个概念表述的摇摆一直存在,但在"全民健身"与"健康中国"战略的推动下其内涵与外延的争辩逐步达成一致。樊炳有(2009)认为,体育公共服务是指体育公共产品和服务行为的总和,包括加强体育公共设施建设、发展体育公共事业、发布体育公共信息等,为丰富社会公众生活和参与社会体育活动提供社会保障和创造条件。吕诗蒙等(2018)认为,体育公共服务是指由政府或其他社会组织所生产和提供的,为了满足人民群众公共体育需求而供给的公共物品或混合物品。对已有概念界定进行综述,本研究认为,体育公共服务应该是在政府主导下,由政府主体、社会主体和个人主体共同提供的,为满足公共各种体育需求而提供的各种体育产品和行为的总称。

三、公私合作(PPP 模式)

PPP 是 Public-Private-Partnership 的缩写,即“公私合作模式”的简称,它是指政府的公共部门和私营部门之间的伙伴关系,以通过合同或合同向公众提供公共产品或服务。美国 PPP 国家委员会对 PPP 的定义是:PPP 是介于外包和私有化之间,兼备二者特点的一种提供公共产品或公共服务的供给方式,充分利用社会资本部门的资源对基础设施或公共服务项目进行设计、建设、投资、经营、维护,为公众提供相关配套服务以满足需求。我国财政局将其定义为政府部门和社会资本部门在基础设施建设或公共服务项目开发中建立的一种长期合作关系,并由社会资本承担项目的设计、建设、运营、维护等大部分建管任务。社会资本部门通过使用者付费和政府付费获得回报,政府部门负责公共服务项目开发和基础设施建设中的价格与质量监督,以保障公共部门和社会资本的利益最大化。

PPP 模式有广义和狭义两种:

1. 广义定义

PPP 模式是指政府部门和社会资本部门为提供公共产品或公共服务而在公共服务领域或基础建设项目开发中建立的一种长期合作关系。上述定义在我国被广泛接受,也属于广义的范畴。

2. 狭义定义

PPP 模式是指公共部门和私人部门为了提供公共产品或服务，以特许经营协议为保障，通过签署一系列契约（合同）来明确双方彼此的权力与义务而建立的一种项目投融资合作关系。国内学者基于契约特征描述了 PPP 模式的三层定义，从产品的公共化程度、可测量程度和经营性程度等视角理解。张喆等（2008）认为，由公共产品属性特征和合作方式特性决定不同契约形式。杨雅琴等（2016）对加拿大 PPP 项目管理研究后认为，PPP 项目必须符合两个要求，即政社合作项目与公共服务领域高度相关和风险在不同部门转移。关于 PPP 模式的定义，陈小强（2008）认为，主要是指在公共服务领域政社之间平等的经济合作关系。

四、评价指标体系构建

朱庆芳等（2001）提出，指标体系是指一套统计数据系统，用它来描述社会状况的指数，制定社会规划和进行社会分析，对现状和未来做出估价。要实现基本公共服务均等化实现程度的准确有效评价，离不开设计科学与合理的评价指标体系。指标体系的价值除了能够在数据、分析与评价基础上认识事物之外，还能使人们根据评价的过程与评价结果的分解更加深入地了解事物与事物发展过程，发现事物之间的联系与问题，成为分析问题和解决问题的有力工具。

本研究中评价指标体系构建是指建立一套科学、系统的评价指标框架，用于评估体育公共服务公私合作的效果、绩效和影响因素。该体系包括多个指标维度和指标，反映了公私合作在实现公共服务目标上的贡献程度。

五、实证研究

本研究中实证研究是指通过采集和分析实际数据，运用科学研究方法,对特定问题进行实证验证和研究。在体育公共服务公私合作评价指标体系构建与实证研究中,研究者将收集相关数据,运用统计分析和定性研究方法,验证评价指标体系的可行性和有效性,进一步了解公私合作对体育公共服务的实际影响和效果。通过构建合理的评价指标体系,并进行实证研究,可以帮助评估公私合作的效果,发现问题,改进空间,为体育公共服务公私合作提供科学依据,促进其持续发展和提升效能。

第五节 资料来源与研究方法

本研究资料来源主要包括文献资料、统计数据、专家访谈等。研究方法包括文献综述和分析、专家访谈、问卷调查、实地观察等。其中,文献综述和分析将用于梳理国内外研究现状和理论基础;专家访谈将获取相关领域专家的意见和建议;问卷调查和实地观察将用于数据的收集和实证研究。

一、资料来源

本研究资料来源涵盖以下几个方面:

(1)学术文献:通过查阅相关学术期刊、学位论文、会议论文等,获取已有研究成果和理论框架,了解体育公共服务和公私合作的相关概念、理论模型和评价指标。

(2)政策文件与报告:政府部门、国际组织、体育协会等发布的政策文件、规划报告、年度报告等,可提供关于体育公共服务和公私合作的政策导向、目标设定、资源投入等信息。

(3)统计数据与调查报告:通过统计机构、体育管理机构、调查研究机构等发布的统计数据、调查报告,获取体育公共服务的发展情况、资源配置、服务效果等数据。

(4)专家访谈与问卷调查:通过与相关领域的专家、从业者进行访谈,了解他们对体育公共服务公私合作评价指标体系的认知和建议。同时,设计和实施问卷调查,收集各方对评价指标体系的意见和反馈。

(5)实地观察与案例分析:通过实地考察、观察和参与实际的体育公共服务公私合作项目,深入了解项目的实施情况、资源利用、效果和影响,为评价指标体系的构建提供实证支持。

二、研究方法

本研究采用的研究方法有:

(1)文献综述:本研究围绕相关研究主题进行了文献检索、资料收集、加工和整理,为进一步研究做好准备。通过对体育公共服务、PPP 模式以及评价指标体系构建专著的研读,夯实本研究的理论基础。通过中国期刊全文数据库,下载公共体育服务相关的核心期刊与优秀硕博论文并分类研读,总结现有研究的主要观点与分歧,重点探究质量管理趋势下的研究缺口,进而明确本研究的关注点。通过浏览国家体育总局、国家统计局、中国质量协会、国家标准化管理委员会、中国认证中心等权威网站,全面和准确获取与公共体育服务相关的政策文本,从而明确质量引领的未来趋势,确定研究价值。外文文献主要通过百度学术、谷歌学术、中国知网等相关学术资料库进行检索,试图找出国别间的环境差异与理论相通,获取丰富的资料并进行了信息间的验证与延伸,尤其是对成熟案例的分析为本研究拓展了思路。

(2)问卷调查:问卷调查法的优点在于节省时间、成本低、规模可控,调查结果便于量化统计和处理分析。其缺陷在于,难以获得被调查者的动机、目的以及思维过程,难以揭示现象背后的实际问题。因此,研究中需要将问卷调查法配合以数理统计法与访谈研究法综合使用以克服其自身缺陷。本研究采用调查问卷进行了小样本调查确定了正式问卷;通过正式问卷调查获得数据,进而验证了公共体育服务质量影响因素理论模型。

(3)定性研究:采用内容分析、访谈等方法,通过对相关文本和专家访谈进行深入解读,获得对评价指标体系构建的意见和建议。

(4)案例研究:本文选取具有代表性的体育公共服务公私合作项目,进行案例分析,深入研究其实施过程、成效和问题,为评价指标体系的构建提供实证依据。

(5)专家评估:邀请相关领域的专家参与评价指标体系的构建,通过专家意见、专家访谈、德尔菲法等方式,获得评价指标体系的专业性和可行性评估。

(6)现有统计资料分析法(Existing Statistical Data Analysis):主要集中于对由国家和各级政府部门所编制的统计数据进行分析。一般而言,我国最为全面的统计资料是由国家统计局发布的《中国统计年鉴》,以及诸如《中国社会统计资料》《中国人口统计年鉴》这样的分支统计资料。在本文中,国家发展和改革委员会编辑出版的《基本公共服务统计指标》、国家市场监督管理总局做的《全国公共服务质量监测报告》也为研究开展提供了数据支撑和资料来源。

本研究根据具体研究目标和数据特点选择合适的资料来源和研究方法,并采用多种方法的组合,以获得全面的研究结果。

第二章 体育公共服务公私合作评价的理论机理

体育公共服务就是提供体育公共产品和服务行为的总称,包括加强体育公共设施建设、发展体育公共事业、发布体育公共信息等,为丰富社会公众生活和参与社会体育活动提供社会保障和创造条件。体育公共产品和服务是整个社会共同消费的,由政府和市场协调发展来提供。体育公共服务是指政府向公众提供的、具有广泛社会效益的体育服务,目的在于提高公民的身体素质、促进社会和谐、增强国家形象等,其特点包括面向全民、覆盖面广、公益性强、社会效益高。而公私合作是指政府与非政府组织、企业、社会团体等进行合作,共同提供公共服务。主要类型有竞争性合作、合作性竞争、合作共赢等,能够进行资源整合、风险共担和效率提升。

体育公共产品内在的非竞争性和非排他性,决定了政府必须在体育公共服务供给中居于主体地位,这也是我国经济社会发展的必然。政府在体育公共服务供给中的基本职能:一是政府站在消费者的角度,制定体育公共服务政策;二是监管体育公共服务的生产与提供;三是付费,政府通过"付费"保证基本体育公共产品和实现体育公共服务的均等化;四是直接生产和提供某些体育公共服务。

体育公共服务模式与社会经济、历史传统有关。在当前的背景条件下发展体育公共服务,首先必须准确界定政府的体育公共服务职能,其核心在于确定提供公共服务的范围和重点,并不是所有体育公共服务需要政府干预。体育公共产品与服务的资金来源的发展趋势来看,今后主要依赖于三种方式:即政府出资、服务收费及非政府公共部门参与。大力促进我国体育公共服务供给过程中的公民参与和需求表达,加强制度化建设和公民意识教育,保障公民的参与权力与参与能力;大力培育基层民主与公民社会,进一步发挥扩大民众参与体育投入热情、反映民众诉求方面的积极作用,增强社会自治功能。

体育公共服务结构决定体育公共服务资源的主要投向。体育公共服务的基础设施、体育公共服务法律体系必须由政府提供,体育公共服务其他方面可以由政府直接生产、也可由市场或非政府公共部门生产,政府监管。在体育公共服务领域中,公私合作已经成为一种重要的模式,可以发挥政府和社会资源的优势,提升体育公共服务的质量和效益。

本章节力图从公共产品理论、新公共服务理论、合作评价理论、公共治理理论、政府绩效评估理论和体育公共服务公私合作评价理论模型六个方面对体育公共服务公私合作评价的理论机理进行剖析。

第一节 公共产品理论

公共产品是指既不可能也无必要对其消费加以排他的物品,抑或是同时具有非排他性和非竞争性的物品,也就是指供社会成员集体消费共同享用的物品,社会公众对于公共产品的需求是政府经济职能的源泉。公共物品理论是关注如何正确处理政府与市场的关系、转变政府职能、推行公共服务市场化。

与公共产品理论相关的思想最早可追溯到古希腊时期。18 世纪的欧洲,伴随着工业化进程的加快,欧洲社会确立了自由竞争的市场经济体制,在自由的市场竞争环境下,公共基础设施对经济良性运转的重要性逐渐凸显。1793 年开始,古典经济学派的大卫·休谟(David Hume)、亚当·斯密(Adam Smith)、约翰·穆勒(John Stuart Mill)等人从政府职能方面分析了公共产品的相关问题,该时期学者们对于公共产品理论的论述被称为公共产品理论的早期朴素思想。大卫·休谟(David Hume)在《人性论》中讨论了超越个人利益的公共性事务的处理问题,将这种超越个人利益的公共事务称为“集体消费品”;亚当·斯密(Adam Smith)在《国富论》中虽然没有直接提出公共产品的理论,但他的论述涉及公共产品的类型、提供方式、资金来源、公平性等问题,他认为:“君主或者政府有三大义务或职责,安全、司法、公共机关和公共工程,公共产品分为全国性公共产品和地方性公共产品。”其对政府职责的区分被后来的学者认为是对公共产品做了一个初步的分类;约翰·穆勒(John Stuart Mill)则主要是从政府职能方面分析公共产品问题,对公共产品的服务和供给方式进行论述。古典经济学派的经济学家都是从政府职能方面分析公共产品问题,没有明确提出公共产品的概念,更没有提出公共产品的特征和界定标准,但他们的研究为公共产品的系统分析奠定了基础。

系统的公共产品理论是由 19 世纪 80 年代的奥意财政学派将边际效用理论运用到财政学建立的,最早由马菲奥·潘塔莱奥尼(Maffeo Pantaleoni)、乌戈·马佐拉(Ugo Mazzola)、马尔科·明格蒂(Marco Minghetti)提出,他们以公共产品的有效供给为主题,对公共支出进行研究,开启了公共产品理论定量化研究的先河。马菲奥·潘塔莱奥尼(Maffeo Pantaleoni)认为公共支出分配的标准取决于不同公共支出项目的边际效用的比较,这其中边际效用是指消费者对某种物品的消费量每增加一单位所增加的额外满足程度,在边际效用中,自变量是某物品的消费量,因变量是满足程度或效用,消费量额外变动所引起的效用的变动即为边际效用;乌戈·马佐拉(Ugo Mazzola)对公共产品价格的形成问题进行研究,其认为，公共产品与私人产品不同，公共产品不能被分割使用，也难以排除不付费者，因此通过市场供给往往会导致供给不足，而且每个人对公共产品的需求是不同的，因而尽可能地按照人们从公共产品消费中得到的边际效用付费，税收应该是多样的、因人而异的；马尔科·明格蒂（Marco Minghetti）也认为公共产品要按边际原则支付税金。

在这之后，瑞典学派的埃里克·罗伯特·林达尔（Erik Robert Lindahl）在1919年提出林达尔均衡，这是公共产品理论最早的成果之一，并在维克塞尔工作的基础上构建了公共产品供应的W-L（维克塞尔-林达）模型，他们建立的公共物品的供给方式可概述为"自愿捐献与成本分担"。保罗·萨缪尔森（Paul A. Samuelson）在1954年、1955年分别发表的《公共支出的纯粹理论》和《公共支出理论的图式探讨》解决了部分公共产品理论的一些核心问题，例如，如何用分析的方法定义集体消费产品？怎样描述生产公共产品所需资源的最佳配置的特征。他在《公共支出的纯粹理论》一文中将公共产品定义为这样一种产品：每一个人对这种产品的消费并不减少任何他人对这种产品的消费。这一描述成为经济学关于纯粹的公共产品的经典定义。

经过众多学者从不同视角的研究，逐渐形成了现如今丰富的公共产品理论。接下来将从三个方面对公共产品理论进行阐述和分析。

第一，公共产品的概念。从公共产品理论的发展历程来看，目前关于公共产品的概念主要有三个经典定义：

保罗·萨缪尔森（Paul A. Samuelson）将市场上经济消费产品分为公共产品和私人产品。公共产品具有非竞争性和非排他性，私人产品具有竞争性和排他性。由于市场上"竞争和排他"是伴随消费情境的变化而变化的。因此，市场上大多数产品为准公共产品，又称混合产品。他认为纯粹的公共产品就是任何一个人对该产品消费都不会减少其他任何人对该种产品的消费。

安东尼·阿特金森(Anthony Atkinson)认为萨缪尔森提出的公共产品是一种纯粹的公共产品,是一种较为极端的情况,现实社会中更为一般的情况是这样一类物品,增加某个人的消费并不会使其他人的消费以同量减少,它处于纯公共产品与私人产品之间。

詹姆斯·布坎南(James M Buchanan)认为萨缪尔森的公共产品理论是一种竞争不完全的纯公共产品,萨缪尔森只考虑了公共产品的消费数量上的不变性而没有考虑到质量的变化,他认为从纯公共产品到私人产品有一个连续的变化过程。

第二,公共产品的分类。萨缪尔森在其著作中指出公共产品理论是将社会产品分为私人产品和公共产品两部分,这种以公共产品的"非排他性"和"非竞争性"为基础进行的分类被称为"萨缪尔森两分法"。在萨缪尔森两分法的基础上,理查德·阿贝尔·马斯格雷夫(Richard Abel Musgrave)将产品分为公共产品、私人产品和有益产品,其中有益产品和公共产品都属于非私人产品,需要政府通过政治体系来实现;1973年,阿格纳·桑德莫(Agnar Sandmo)在《公共产品和消费技术》中指出相对于纯公共产品,准公共产品在现实生活中比较多,并且从消费技术角度对准公共产品进行了研究;乔·B. 史蒂文(Joe B. Steven)认为公共产品与私人产品二分法的本质是对两个非现实极端状态的中间状态的承认,一端是市场无法供给的非排他性、非竞争性公共产品,另一端是市场可以供应的完全竞争性、排他性产品,而中间状态就是准公共产品,亦称混合产品;布坎南认为按照非竞争性和非排他性划分公共产品过于理想化,同时具备这两种属性的公共产品在生活中很少见,是一种纯公共产品,他认为对产品的分类不是非此即彼,在公共产品和私人产品之间还存在灰色区域,布坎南将其称为"俱乐部产品",布坎南认为俱乐部产品的最主要特点就是具有有限的非排他性和非竞争性,而且相比于纯公共产品和纯私人产品,俱乐部产品是占大多数的;格里高利·曼昆(Gregory Mankiw)将产品进行了更为细致的划分，分为私人产品、自然垄断产品、共有产品和公共产品四类。

由此可见，学者们根据产品消费的属性来区别公共产品和非公共产品，也是界定公共产品的基础，在此基础上，从公共产品中进一步划分出了纯公共产品和准公共产品，纯公共产品就是同时具有非排他性和非竞争性的物品，而准公共产品一般不具备完全的非排他性。俱乐部产品是准公共产品的一种。

第三，公共产品的特性。在对社会产品进行分类的基础上，萨缪尔森通过对公共产品和私人产品的提供与分配进行对比，提出公共产品不同于私人产品的三个不同特征，即效用的不可分割性、受益的非排他性和消费的非竞争性。

效用的不可分割性是指公共产品是向整个社会成员提供，具有共同受益或联合消费的特点，其效用归整个社会成员所共享，公共产品不能像私人物品那样可以按照谁付款谁受益的原则分割成可进行买卖的多个单位，它是一个不可分割的整体，比如国防、外交等。

受益的非排他性是指公共产品由于是向社会大众提供的，可以由多人进行分享，不像私人物品那样只能由个人享用，即在技术上无法实现将没有付款的组织或者个人排除在外；即使有些公共产品能够在技术上实现排他，但是排他成本很高，从经济的角度考虑是不可接受的。

消费的非竞争性是指由于公共产品边际生产成本为零，由此产生个人享用公共产品并不会对他人享用公共产品造成影响。

对于准公共产品的特性，国内外学者将其划分为拥挤性、正外部性、受益的非排他性和消费的非竞争性、消费的非均衡性四点。其一，“充斥性”表示拥挤性，即每当消费数量增至某个值后会出现拥挤成本，对消费者有一定的限制，产生“拥挤”。其二，准公共产品的外部性表示消费者获取的个人效用和社会效用，即外部收益。正外部性是生产和消费所带来的积极效益，其供给质量和数量会直接影响社会的整体福利水平。其三，准公共产品受益的非排他性和消费的非竞争性。准公共产品受益的非排他性，表示该产品为社会带来的效益是非排他的，任何人都可以享用此种产品，但同时占用一定限额的资源会使消费具有竞争性；准公共产品消费的非竞争性，表示一个人在消费服务产品的过程中并不减少它对其他消费者的供应。其四，消费的非均衡性。一方面，不同地区的收入水平不同，因此，消费者对准公共产品的消费量是非均衡的；另一方面，相同地区拥有不同消费意愿的消费者享用的数量也不甚相同。非均衡性主要受到收入水平和消费意愿的影响。

综上所述，公共产品理论经历了数百年的发展，现如今已经形成了一套较为系统的理论体系，公共产品可进一步分为纯公共产品和准公共产品，纯公共产品为任何一个人对该产品消费都不会减少其他任何人对该种产品的消费，效用的不可分割性、受益的非排他性和消费的非竞争性；而准公共产品是增加某个人的消费并不会使其他人的消费以同量减少，它处于纯公共产品与私人产品之间，具有拥挤性、正外部性、受益的非排他性和消费的非竞争性、消费的非均衡性。公共产品的提供主要用来满足社会公共需要，实现全社会资源配置效率最大化，着眼于社会整体利益和长远利益来保证人类社会得以存续和可持续发展。

本研究所谈论的体育公共服务属于准公共产品，我国体育公共服务长期由政府统一供给，政府既扮演政策制定者又扮演生产提供者的双重角色，存在着效率低、难以实现资源最优配置的问题，体育公共服务公私合作在减轻财政负担、提高供给效率的同时，满足新时期公众多样化体育消费需求的目的。

第二节 新公共管理理论

自20世纪70年代末以来,西方发达资本主义国家实行的政府改革,引起了极大的社会反响。“重塑政府运动”“企业型政府”“政府新模式”“市场化政府”“代理政府”“国家市场化”“国家中空化”等,只是对这场改革的不同称谓。人们普遍认为,区别于传统公共行政典范的、新的公共管理模式正在出现。赫克谢尔(C. Heckscher)指出,政府改革打破了单向的等级指挥关系,建立了互动交流和导向管理,并开始向“后官僚组织”变迁。而巴扎雷(Michael Barzelay)说,摒弃官僚制的时代已经到来,公共管理由重视“效率”转而重视服务质量和顾客满意度,由自上而下的控制转向争取成员的认同和争取对组织使命和工作绩效的认同。“重塑政府”运动的积极倡导者奥斯本和盖布勒总结美国改革地方政府和联邦政府的经验,宣扬政府管理的新方式。克里斯托夫·胡德(Christopher Hood)把西方国家的政府改革所体现出来的政府管理新模式称作新公共管理典范。“新公共管理”实践催生出不同于传统公共行政理论的理论新范式,这就是新公共管理理论。

自20世纪中叶开始,西方发达资本主义国家普遍实行“福利国家”制度。它们运用凯恩斯主义经济学(Keynesian Economics)指导国家的经济活动,试图依靠政府的作用来弥补市场的不足。然而过了多年,“福利国家”制度并未取得如愿的经济增长和社会满意度。自20世纪六七十年代以来,经济滞胀、政府扩大支出产生高税收、政府公共服务无效率,造成社会普遍不满,最终导致意识形态变革。人们开始从政治上批判“福利国家”的政策基础,主张以自由市场、个人责任、个人主义来重塑国家和社会。

在意识形态上崛起的“新右派”思想，主要来源于自由经济思想、新制度经济学和公共选择经济学。它强调自由市场的价值，批评政府干预的弊端，主张用市场过程取代政治或政府过程来配置社会资源并且做出相应的制度安排。它认为国家和政府作为非市场力量，会扭曲社会资源的有效配置。高税收将资源从“创造财富”的私营部门转移到“消费财富”的公共部门，妨碍经济增长和削减社会福利。只有让市场进行资源的最佳配置，让消费者和生产者决定福利的供给和需求，才能促进社会和经济的繁荣。于是，市场化成为政府改革的必然选择。公共企业的私营化、公共服务的市场化、公共部门之间的竞争、公共部门与私人部门之间的竞争，广泛进入西方国家的政府改革策略。

市场化改革，从一定意义上讲，是在为政府减负，同时也意味着政府放权。在现代国家，政府扮演着双重角色，即“社会福利的提供者”与“经济稳定和增长的主舵手”。政府在社会保障、社会公平、教育平等、医疗保健、环境保护等方面依然承担着不可推卸的责任，仍然支配着巨大的社会资源。社会要求政府“花费更少、做得更好”，更有效地使用公共财政资源。对此，政府必须积极从内部管理上挖潜，寻找新的管理理念和管理工具，提升政府的管理能力。私营企业优良的管理绩效和先进的管理方法，自然地成为政府进行管理创新的改革选择。西方国家的政府改革鼓吹市场化和效法私营企业管理，最终导致新公共管理典范的诞生而不同于传统的政府管理模式。

在这场改革运动中，英国是先行者。1980 年，撒切尔政府推行以缩小政府规模和进行“财政管理创新”为中心的改革，其后的梅杰政府（“公民宪章运动”）、布莱尔政府（“第三条道路”）继续推进政府改革，进一步发挥市场化作用；新西兰则在 1988 年进行以“政府部门法案”为蓝本的改革；加拿大在 1989 年成立“管理发展中心”，并于次年发表题为“加拿大公共服务 2000”的政府改革指导性纲领；美国于 1993 年成立“国家绩效评估委员会”,用来指导政府改革,后于 1998 年更名为“重塑政府国家伙伴委员会”(National Partnership for Reinventing Government)。这些改革的重要特征就是,发挥市场机制在公共服务领域中的作用,积极借鉴私营管理的技术和方法,提升政府的管理能力和公共服务能力。

新公共管理作为一种新的管理模式,其理论基础与以往的行政理论有很大的区别。如果说传统的公共行政以托马斯·伍德罗·威尔逊(Thomas W. Wilson)、弗兰克·约翰逊·古德诺(Frank Johnson Goodnow)的政治—行政二分论和韦伯(Max Weber)的科层制论为其理论支撑点的话,新公共管理则以现代经济学和私营企业管理理论和方法作为自己的理论基础。首先,新公共管理从现代经济学中获得诸多理论依据,如从“理性人”(人的理性都是为自己的利益,都希望以最小的付出获得最大利益)的假定中获得绩效管理的依据;从公共选择和交易成本理论中获得政府应以市场或顾客为导向,提高服务效率、质量和有效性的依据;从成本—效益分析中获得对政府绩效目标进行界定、测量和评估的依据等。其次,新公共管理又从私营管理方法中汲取营养。新公共行政管理认为,私营部门许多管理方式和手段都可为公共部门所借用。如私营部门的组织形式能灵活地适应环境,而不是韦伯所说的僵化的科层制;对产出和结果的高度重视,而不是只管投入,不重产出;人事管理上实现灵活的合同雇佣制和绩效工资制,而不是一经录用,永久任职,等等。总之,“新公共管理”理论认为,那些已经和正在为私营部门成功地运用着的管理方法,如绩效管理、目标管理、组织发展、人力资源开发等并非私营部门独有,它们完全可以运用到公有部门的管理中。

在公共选择和交易成本理论与新管理主义理论的基础上,发展出不同方向的新公共管理的理论。

米尔顿·弗里德曼(Milton Friedman)和弗里德里希·奥古斯特·冯·哈耶克(Friedrich August von Hayek)的“小政府主义理论”(Minarchism)。在“政府失灵论”(Government failure)蔓延的背景下,这两位学者指出,政府应缩小管辖的空间范围,其活动内容只是提供那些市场做不了也做不好的服务,即提供具有非排他性的公共产品和服务。当然,政府的“小”只是空间范围上的小,并不意味着政府能力以及竞争力的弱小。

迈克尔·哈默(Michael Hammer)和詹姆斯·钱皮(James Champy)则发展出“流程再造”理论(Process reengineering),主要针对官僚制,强调对官僚制进行重新改造和超越。其理论内容主要有:一是对工作流程进行重新设计,以提高效率,效能和质量;二是以业务流程为改造对象和中心,以顾客需求和满意度为目标、对现有业务流程进行根本的再思考和彻底的再设计,以打破传统的职能型组织结构,建立全新的过程型组织结构,从而实现组织在成本、质量、服务和速度等方面的巨大改善。

马克·霍哲(Marc Holzor)把政府绩效作为切入点,提出把绩效评估作为改进绩效的一种管理工具。他设计了一整套具体的绩效评估流程,同时还强调,在绩效评估的过程中要提高公民的参与度,因为这样的绩效评估结果和绩效信息将会对政府政策和项目管理有更大的意义。

霍哲还研究了另一个重要的理论——基于回应性的政府全面质量管理。即建立起一套以顾客为中心、持续改进、强调授权和协作基础上的全面质量管理。其目的在于通过引入政府全面质量管理,消除由于官僚制、利益集团以及专业化的结构带来的回应性障碍,建立更具回应性以及以顾客为中心的公共机构。

1992年,美国学者戴维·奥斯本(David Osborne)和特德·盖布勒(Ted Gaebler)发表了《改革政府:企业精神如何改革着公共部门》,提出了“重塑政府”的概念。他们将“新公共管理”看作单一的模式概念,并指出“新公共管理”模式包含起催化作用的政府:掌舵而不是划桨;社区拥有的政府:授权而不是服务;竞争性政府:把竞争机制引入提供服务中去;有使命的政府:改变按章办事的组织;讲究效果的政府:按效果而不是按投入拨款;受顾客驱使的政府:满足顾客的需要,而不是官僚政治需要;有事业心的政府:有收益而不浪费;有预见的政府:预防而不是治疗;分权的政府:从等级制到参与和协作;以市场为导向的政府:通过市场力量进行变革十大基本原则或基本内容。因此,应用企业家精神去改造政府,并且能够把企业经营管理的一些成功方法移植到政府中来,使政府这类公共组织能像私人企业一样提高效率。其中最重要的一点就是以顾客为中心,即强调服务提供者应对他们的顾客负责,在提供服务过程中不断进行革新,寻求减少成本和增进质量的方法,聆听顾客的呼声,授权顾客做出选择,把资源放在顾客手里让他们挑选。

新公共管理运动是新公共管理理论的基础,是20世纪70年代后在全球经济问题日益严重、西方国家财政危机不断加剧的背景下兴起的。新公共管理理论中,对政府、企业与公民角色进行了重新定位,即以生产者为中心的政府治理转向以消费者(公民)为中心的治理,其核心内容是改革政府管理的方式与职能,提高政府管理的绩效。

新公共管理主义的理论来源是公共选择理论、委托代理理论、交易成本理论和管理学理论等。多元理论来源可归纳成两层含义,即管理主义和新制度经济学。管理主义指的是把私人部门的管理手段引入公共部门,强调直接的职业管理、明确的绩效标准和评估标准、根据结果进行管理,以及接近消费者。新制度经济学指的是把激励结构(例如,市场竞争)引入公共服务中,强调削减官僚机构,通过承包和准市场的运作方式实现更有效的竞争以及消费者选择。

对新公共管理理论的内涵与特征,国内外学者作了不同的描述,经济合作组织将新公共管理的特征概括为七个要点:

第一,公共部门实行专业化管理,即让管理者来管理。这意味着让管理者管理,或如胡德所言“由高层人员对组织进行积极的、显著的、裁量性的控制”。对此最为典型的合理解释是“委以责任的前提是对行为责任进行明确的区分”。

第二,明确的绩效标准和绩效测量。这需要确立目标并设定绩效标准,其支持者在论证时提出“委以责任需要明确描述目标;提高效率需要牢牢盯住目标”。

第三,对产出控制的格外重视,重视结果而非过程,根据所测量的绩效在各个领域分配资源。根据所测量的绩效将资源分配到各个领域,因为“需要重视的是目标而非过程”。

第四,公共部门内由聚合趋向分化。创建一个易于管理的组织,获得公共部门内外特许制度安排的效率优势,这包括将一些大的实体分解为“围绕着产品组成的合作性单位”,它们的资金是独立的,彼此之间在保持一定距离的基础上相互联系。“在公共部门的内部与外部”,既可对这些单位进行管理又可以“获得特定安排所带来的效率上的优势”,其必要性证明了这种做法的合理性。

第五,公共部门更趋竞争性,把竞争作为降低成本和提高标准的关键。这包括了“订阅合同条款以及公开招标程序”,其合理性则在于“竞争是降低成本和达到更高标准的关键所在”。

第六,对私营部门管理方式的重视。这包括“不再采用‘军事化’的公共服务伦理观”,在人员雇用及报酬等方面更具有弹性,这种转变的合理性在于,“需要将私营部门‘经证实有效的’管理手段转到公共部门中加以运用”。

第七,更强调资源利用的纪律性和节约性。胡德将这看作是“压缩直接成本,加强劳动纪律,对抗工会要求,降低使职工顺从企业的成本”。“对公共部门的资源需求进行检查,少花钱多办事”的必要性证明这种做法是合理的。

新公共管理以市场化、自由化、民营化为主张,利用市场和企业的管理方法来改造公共部门,通过引入竞争与合作机制,转变政府职能。主张在经济上放松管制、削减庞大的福利开支;在政治上强化国家干预,改造公共部门,引入竞争机制和企业管理模式,建立顾客驱动机制,重视行政结果,推行政社(社会、社团)合作等。主要包含以下几个基本内容:

第一,以顾客为导向,奉行顾客至上的全新价值理念。新公共管理完全改变了传统模式下政府与公众之间的关系,政府不再是发号施令的权威官僚机构,而是以人为本的服务提供者,政府公共行政不再是“管治行政”而是“服务行政”。公民是享受公共服务的“顾客”,政府以顾客需求为导向,尊崇顾客主权,坚持服务取向。新公共管理关注政府项目实施的有效性,表现出一种目标导向的趋势,行政权力和行政行为从属和服务于“顾客”的满意度这一中心。政府以提供全面优质的公共产品、公平公正的公共服务为其第一要务。在新公共管理看来,政府是负责任的“企业家”,而公民是其尊贵的“顾客”。这是公共管理理念向市场法则的现实复归。作为“企业家”的政府并非以盈利为目的,而是要把经济资源从生产效率较低的地方转移到效率较高的地方,“由顾客驱动的政府是能够提供多样化和高质量的公共服务的政府”。对公共服务的评价,应以顾客的参与为主体,注重换位思考,通过顾客介入,保证公共服务的提供机制符合顾客的偏好,并能产出高效的公共服务。

第二,治道变革,政府职能由“划桨”转为“掌舵”。新公共管理主张政府在公共行政中应该只是制定政策而不是执行政策,政府应该把管理和具体操作分开。用《改革政府》的作者戴维·奥斯本等人的话说,就是政府的角色应是“掌舵”而不是“划桨”。他们认为传统政府低效的一个重要原因就是忙于划桨而忘了掌舵,做了许多做不了、做不好、舍本求末的事情。正如彼得·德鲁克(Peter F. Drucker)在其著作《不连续的时代》中阐述的:“任何想要把治理和实干大规模地联系在一起的做法只会严重削弱决策的能力。任何想要决策机构去亲自实干的做法也意味着干蠢事。”至于掌舵的主要途径,新公共管理认为要通过重新塑造市场,不停地向私人部门施加各种可行和有利的影响让其“划桨”的方式来进行。

第三，公共管理中引入竞争机制。传统公共行政力图建立等级森严的强势政府，强调扩张政府的行政干预。新公共管理则主张政府管理应广泛引入市场竞争机制，通过市场测试，让更多的私营部门参与公共服务的提供，提高服务供给的质量和效率，实现成本的节省。以竞争求生存，以竞争求质量，以竞争求效率。竞争性环境能够迫使垄断部门对顾客的需要变化做出迅速反应。相对于动用政府本身来说，合同外包是允许政府实验各项政策的全新供给体系，通过市场测验可以判断出新政策的合意性。“风险规避，尤其是政治风险的回避，是公共行政人员推行民营化的主要动机。”

第四，重视效率追求。追求效率是公共行政的出发点和落脚点。新公共管理在追求效率方面主要采取三种方法：其一，实施明确的绩效目标控制。与传统公共行政重遵守既定法律法规、轻绩效测定和评估的做法不同，新公共管理主张放松严格的行政规制，实行严明的绩效目标控制，既确定组织、个人的具体目标，并根据绩效目标对完成情况进行测量和评估。其二，重视结果。传统的官僚主义政府注重的是投入，而不是结果。他们往往只会花掉预算分解的每个项目的资金，对结果和收益毫不关心。新公共管理根据交易成本理论，重视管理活动的产出和结果，关注公共部门直接提供服务的效率和质量，主张对外界情况的变化以及不同的利益需求做出主动、灵活、低成本、富有成效的反应。其三，采用私营部门成功的管理手段。新公共管理强调政府广泛采用私营部门成功的管理手段和经验，如重视人力资源管理、强调成本—效率分析、全面质量管理、强调降低成本，提高效率等。

第五，改造公务员制度。新公共管理主张对公务员制度的一些重要原则和核心特征进行瓦解：其一，通过推行临时雇佣制、合同用人制等新制度，打破传统的文官法“常任文官无大错不得辞退免职”的规定。其二,废弃公务员价值中立原则。新公共管理“主张放弃政府的与逻辑实证论相联系的表面上的‘价值中立’(value-neutrality)”,它正视行政所具有的浓厚的政治色彩,认为不应将政策制定和行政管理截然分开。强调公务员与政务官之间存在着密切的互动和渗透关系,主张对部分高级公务员应实行政治任命,让他们参与政策的制定过程,并承担相应的责任,以保持他们的政治敏感性。新公共管理认为正视行政机构和公务员的政治功能,不仅能使公务员尽职尽责地执行政策,还能使他们以主动的精神设计公共政策,使政策能更加有效地发挥其社会功能。

第六,创建有事业心和有预见的政府。新公共管理认为:“政府必须以收费来筹款,通过创造新的收入来源以保证未来的收入。”不仅如此,政府还必须转变价值观,在把利润动机转向公众使用的基础上,尽可能使政府公共管理者转变为企业家,学会通过花钱来省钱、为获得回报而投资。与此同时,新公共管理认为,传统公共行政只注重提供服务而不注重预防,结果当问题变成危机时,再花大量的金钱、精力去进行治疗。新公共管理认为社会更需要预防,即解决问题而不是提供服务。为此,政府应该把更多的工作放在预防上。有预见的政府会做两件根本的事情:其一,使用少量钱预防而不是花大量钱治疗。其二,在做出重要决定时,尽一切可能考虑到未来。

新公共管理理论在发展的过程中遭到了不少的批评,但这并不影响它作为公共行政发展的总趋势。它通过推进改革管理的整体的多元化和公共管理手段的企业化,促使政府不再担当公共产品和服务的唯一提供者,而是担当公共事务的促进者和管理者,它有助于提高公共管理的有效性和促进社会可持续发展。

“新公共管理”范式的出现构成了对传统的公共行政学范式的严峻挑战,它改变了传统行政学的研究范围、主题、方法、学科结构、理论基础和实践模式,日益成为当代西方公共管理尤其是政府管理研究领域的主流。“新公共管理”有其新颖、合理之处，它反映了当代西方公共管理实践的发展趋势，体现了公共部门管理研究的新成就。与传统的公共行政学相比，“新公共管理”范式具有一系列创新，这主要表现在四个方面：其一，“新公共管理”为公共部门管理尤其是政府管理研究奠定了更广泛、坚实的理论基础。其二，“新公共管理”开阔了公共行政学的理论视野，具有一系列主题创新。其三，“新公共管理”建立起一个更加全面、综合的知识框架。其四，“新公共管理”提供了一种当代公共部门管理尤其是政府管理的新实践模式。

新公共管理在三个方面表现出了防止行政权力腐败的趋向：其一，新公共管理的服务定位将导致特权的消失和特权意识的弱化。其二，新公共管理的顾客至上改变了原先行政体系的主体中心主义，这种主体的边缘化使腐败丧失了发生的根据。其三，新公共管理由于实行公共服务的公开竞标，将增加行政行为的透明度，使不透明地行使公共权力的机会最小化。总之，新公共管理已经显示出这样的趋势，即建立起一种以公共利益为中心的管理体制。此外，新公共管理还力图从根本上解决管理行政公平与效率不可兼得的矛盾。新公共管理可能代表着走向一种全新的公共行政模式的方向，是政府变迁中一个新的时代的开始。

新公共管理的出现被称为行政管理范式的转换。作为一种新的理论范式，它涉及以往的公共行政领域未涉及的大量专题，如公共物品、外部性、公共服务供给、理性人、交换范式、制度选择、政府失败、自给型公共组织等，成为当代西方行政改革的主导理论。

第一，政府的管理职能“应是掌舵而不是划桨”。“新公共管理”理论提倡通过“政府公共政策化”将政府从管理的具体事务中解脱出来，从根本上解决机构臃肿、预算超支、效率低下、官僚主义与腐败盛行的顽症。“新公共管理”理论认为，政策组织与规制组织的职能是负责“掌舵”，而服务提供组织与服从型组织的职能是“划桨”。这样做可以自然而然地达到消肿减肥的目的,减少开支、提高效率。

第二,将企业化的管理方式引入公共部门。“新公共管理”理论认为,企业先进的管理方式和手段、服务理念都可以为公共部门所用。应该打破政府部门的垄断,通过公开竞标的方式将公共服务承包出去,实行全面质量管理和目标管理;对产出和结果高度重视,而不是只管投入、不重产出;人事管理上实现灵活的合同雇佣机制和绩效工资制,而不是终身任职。

第三,营造“顾客导向”的行政文化。“新公共管理”理论认为,政府的社会职责是根据顾客的需求向顾客提供服务,政府服务以顾客或市场为导向,只有顾客驱动的政府才能满足多样化的社会需求并促进政府服务质量的提高。于是,“新公共管理”理论改变了传统公共行政的政府与社会之间的关系,政府不再是凌驾于社会之上的、封闭的官僚机构,而是负责任的企业家,公民则是其“顾客”。

第四,采用授权或分权的方式进行管理。“新公共管理”理论提倡以授权、分权的办法来对外界变化迅速做出反应。与集权的机构相比,授权或分权的机构有更多优点,比集权的机构有多得多的灵活性;对于新情况和顾客需求的变化能迅速作出反应;比集权的机构更有效率;比集权的机构更具创新精神;能够比集权的机构产生更强的责任感、更高的生产率。

第五,实施明确的绩效目标控制。“新公共管理”理论主张放松严格的行政规制,实行严明的绩效目标控制。即确定组织、个人的具体目标,与之签订绩效合同,并根据绩效目标对完成情况进行测量和评估。这使组织由过去的“规则驱动型”向“任务驱动型”转变。

第六,考虑外部性问题。“新公共管理”理论认为由于公共产品消费的非排他性,政府可以将一些公共产品实行经营权与所有权分离,实行公共产品消费低收费制,从而减少人们对公共产品消费,增加私人产品消费,同时也改变了公共服务者的激励机制,减少了公共产品带来的外部性。

第七,强调人力资源管理。“新公共管理”理论强调人力资源管理,提高了在人员录用、任期、工资及其他人事管理环节上的灵活性,如以短期合同制替代常任制,实行不以固定职位而以工作实绩为依据的绩效工资制等。

新公共管理理论在西方的出现并不是偶然的。首先,自 20 世纪 70 年代由石油危机引发的经济衰弱、西方各国高额的财政赤字、福利国家的不堪重负以及一系列新的政治、经济问题的浮出水面,成为引发政府改革的直接原因。其次,经济全球化对政府的公共管理提出更高要求,是西方政府改革的重要推动力。再次,自“二战”以后,由于政府职能的不断扩张,政府规模的无限膨胀,使得西方各国政府普遍臃肿、效率低下。最后,新技术革命的发展要求西方各国对政府组织做出适应信息时代的变革与调整。这些因素共同促成了西方各国公共行政管理的改革浪潮,西方国家普遍进入新公共管理时代。

第三节　新公共服务理论

亚里士多德(Aristotle)在《政治学》中首先提出了公民权。卢梭(Jean-Jacques Rousseau)把公民界定为把社区利益放在心上的人。美国总统亚伯拉罕·林肯(Abraham Lincoln)在葛底斯堡演说(Gettysburg Address)中的“民有政府、民治政府、民享政府”(Government of the people, By the people, For the people)这一句话充分说明在美国政治生活中对公民角色的重视。迈克尔·桑德尔(Michael J. Sandel)认为:政府的存在就是要一定的程序(如投票程序)和公民权利,从而使公民能够根据自身利益做出选择。金(King)和斯迪沃斯(Stivers)主张行政官员应当把公民当作公民来看待,而不只是把他们看作投票人、委托人或顾客;公共管理者应当寻求更有效的回应,相应地提高公民的信任度。这种观点直接为新公共服务提供了理论基础。

新公共服务理论最早源于 20 世纪 70 年代末的新公共管理运动。西方国家针对政府管理过程中出现的财政危机、信任危机和效率危机,开展了一场旨在推行政府管理民营化、效率至上和顾客取向的政府改革运动,这场改革运动以经济学为基础,以“理性经济人”理念为逻辑起点,以政府和市场关系协调为核心,以追求政府服务效率为目的,将市场机制作为提升行政服务效率的手段和工具,曾被称为“管理主义”“重塑政府”等,但被称最多的是“新公共管理运动”,该运动将企业管理模式引入公共部门管理体系,从而提高公共管理部门的运行效率和绩效,成了当时西方国家改革的理论指导。但该理论过于强调绩效和产出,加上历史的局限性,虽然提高了工作效率,但同时导致公共管理体系的有效性和公平性受到影响,政府和公共部门难以继续以管理者的角色来掌控社会,公共管理的效率逐渐降低,导致政府管理的公共性与价值性的缺失。

新公共服务理论是以美国公共管理学家罗伯特·登哈特(Robert B. Denhardt)为代表的一批学者基于对新公共管理理论的反思,特别是针对作为新公共管理理论的精髓的企业家政府理论缺陷的批判而建立的一种新的公共管理理论。新公共服务理论是在民主社会的公民权、社区和市民社会、组织人本主义与新公共行政学、后现代公共行政这四点思想基础上诞生的。2000 年,登哈特夫妇撰写了《新公共服务:服务,而不是掌舵》,并将其发表在《公共行政评论》上,文中将政府在公共管理中的角色重新定位,从原先的管理者转变为服务者,将公民从原先的管理对象转变为治理体系的中心,主张政府的职能应在以服务为主、公平价值优先的基础上兼顾效率,公共管理者在其管理公共组织和执行公共政策时应承担为公民服务和向公民放权的职责,应建立一些明显具有完善整合力和回应力的公共机构。

新公共服务理论的理论基础为:公民权理论、社区与公民社会的理论、组织人本主义与新公共行政、后现代公共行政。

首先是公民权理论。公民权理论认为政府存在的首要目的是要增进社区以及社区内部个人的经济利益,政府存在的目的是要通过确保一定的程序和个人权利来保证公民能够做出符合其自身利益的选择;政治利他主义亦即美国行政家曼斯布里奇所谓的“公共精神”,在民主治理的过程中扮演着一种重要的乃至必要的角色,公民看起来会超越自身利益去关注更大的公共利益。

其次是社区与公民社会的理论。社区:社区是可以在个人与社会之间提供一种有益的中介结构,社区建立的基础是关怀、信任和协力,它是通过一个强有力的有效沟通和冲突解决系统结合在一起的。社区的互动本性在个人与集体之间起着调节作用并且使得个人与集体保持一致。公民社会:公民社会是一种公民能够相互进行一种个人对话和评议的地方,这种个人对话和评议不仅是社区建设的本质,而且也是民主本身的本质。这些活动构成了公民权的实验场,在这里,人们力图建立彼此的新关系和更大范围的政治秩序,通过这些关系,人们不仅可以认识到现代世界给参与者施加的种种困境,而且还可以了解由现代环境所提供的新的活动和参与的可能性。政府对于促进社区建设和公民社会也具有重要的作用。

再次是组织人本主义与新公共行政。其更加关注个人的品行、真实性,以及人的自我实现,更加关注与企业的人性方面有关的品质。组织成员要在整个组织中的个人和群体之间建立信任,用知识和能力的权威来弥补甚至取代角色或者地位的权威,管理者应该努力地为组织内部的人们增加自我控制和自我管理的空间。

最后是后现代公共行政。在20世纪60年代末、70年代初,一些公共行政学者开始批判性地探讨构成主流理性行政模式之基础的知识获得方法。他们认为,对实证主义模式的依赖强化了对已经成为主流公共行政模式组成部分的客观化和非人格化的倾向,仅仅依靠实证主义则根本不允许人们对作为人类生活重要组成部分的意义和价值观有最充分和最完备的认识。在他们看来,学者们在寻求备选方案的时候往往求助于知识获得的解释方法,而这些解释方法着重关注对人们赋予其经验的意义的认识,尤其注重认识他们对那些与他人共享的经验所赋予的意义。

依据以上的理论基础,登哈特夫妇发表的文章中主要包含了七个观点:

一是服务而非掌舵。这是登哈特新公共服务理论七大原则中最突出的原则,指出政府的作用在于和私营及非营利组织一起,为社区面临的问题寻求解决办法;公务员需要帮助公民表达并满足他们的利益需求,而不是试图通过控制使得社会朝着新的方向发展;公共官员将要扮演的角色逐渐变为调停者、中介人或裁判员。

二是追求公共利益。这是指政府的作用更多体现在把人们聚集到真诚对话的环境当中,共商社会应该选择的发展方向;政府还有责任确保经由这些程序而产生的解决方案完全符合公正和公平的规范;公共行政官必须致力于建立集体的、共享的公共利益观念,目的是创造共同利益和共同责任;公共行政官还应积极为公民提供表达观念的平台,并鼓励公民采取一致的行动。

三是重视人而不只是生产率。试图控制人类行为的做法很可能失败,培养不出有责任心、献身精神和公民意识的公民;分享领导权的概念,对于为公民提供机会以便他们的言行符合公共服务的动机和价值至关重要。

四是思考要具有战略性,行动要具有民主性。政府可以通过公民教育和对公民领袖的培养激发公民自豪感和责任感,从而发展出强烈的参与意愿;目标是确保政府具有开放性和可接近性,具有回应力,能为公民服务并为公民创造机会。

五是责任并不是单一的。公共行政官已经受到并且应该受到包括公共利益、宪法法令、其他机构、其他层次的政府、媒体、职业标准、社区价值观念和价值标准、环境因素、民主规范、公民需要在内的各种制度和标准等复杂因素的综合影响,并且应当对这些复杂因素负责。

六是服务于公民而不是顾客。政府必须关注公民的需要和利益;公务员要集中精力与公民以及在公民之间建立信任与合作关系;鼓励民众履行自己的公民义务,并促进政府关注公民的呼声。

七是超越企业家身份,重视公民权和公共事务。乐于为社会做出有意义、有贡献的公务员和公民能够促进公共利益;公共行政官员不仅要分享权力、通过人民来工作、通过中介服务来解决公共问题,还必须将其在治理过程中的角色重新定位为负责任的参与者,而非企业家。

登哈特的这一套理论标志着新公共服务理论正式形成,更加强调民主、平等、公正和政治价值,注重政府服务职能而非掌舵职能,强调政府和公民之间的平等对话,还试图通过竞争机制来表达服务的运作方式,鼓励公民参与公共服务的提供,以此推动公民的责任。新公共服务理论的形成标志着以效率为中心的公共行政范式向以公共价值为导向的治理范式的转换。新公共服务理念以服务为政府的核心职能,以追求公共利益为根本目标,以“人本”而非效率为评价标准,以公民而非“顾客”为服务对象,是对新公共管理理论的扬弃,符合了权力分散化、政治民主化和经济全球化的时代发展要求,推动了公共行政实践的公民参与转向,实现了公共行政公共性的回归。

新公共服务理论的主要观点是:政府的职能为公民服务,帮助公民满足他们的需求;建立共享的公共利益观念;要有战略思想,确立实现目标的行动步骤;要与公民建立信任与合作关系,鼓励公民履行义务;意识到责任的重要性和复杂性;重视人,提倡与人民一起分享领导权;政府的所有者是人民,政府官员的定位是负责任的参与者,而不是企业家。新公共服务理论提出和建立了一种更加关注民主价值与公共利益、更加适合现代公共社会和公共管理实践需要的新的理论选择,把效率和生产力置于民主、社区、公共利益等更广泛的框架体系中,有助于建立一种以公共协商对话和公共利益为基础的公共服务行政。新公共服务理论赋予了公共服务新的时代内涵,为体育公共服务的发展指出了新的方向,通过运用新公共服务理论,对体育公共服务改革和体育公共服务公私合作有着启示意义。

随着新时期社会的发展,在新公共服务中我国应强调尊重公民在社会环境中应享有的权利与服务,这就要求政府的角色定位不仅是治理者,还应是坚定的维护者和推动者。新公共服务对于政府行政官员角色界定更多的是出于公民身份本身,首先是一个有温度的公民,其次才是行政官员。行政官员有更多的责任教育公民参与社会公共事务的管理中来。在新公共服务理论视角下,我国公共体育服务应在坚持服务导向与灵活权变原则,将政府"一刀切"大包大揽的供给方式转变为公私合作,政府调节与市场机制相结合,促进资源整合,实现体育公共服务供给精准化。

第四节 合作评价理论

评价理论是系统功能语言学内的一个重要研究范畴,评价理论源于韩礼德(M. A. K. Halliday)的系统功能语法分析,评价理论框架则是由悉尼大学詹姆斯·马丁(James Martin)教授领导的一组研究人员经过二十多年的研究得出的结果,直至 20 世纪 90 年代,马丁等语言学家在发展系统功能语言学的基础上创立了评价系统的理论框架,在语法分析的基础上进行更加系统化的研究,从单纯的语法层面提升到语篇层面,形成了完整的语言评价理论系统,并于2000年出版了《超越交换:英语评价体系》一书,这是话语分析理论中行之有效的理论框架。评价系统的核心是系统,重点是评价,手段是语言,透过对语言的分析来评价语言使用者对事态的立场、观点和态度。

马丁最初将评价理论分为五大主系统:情感(Affect)、判断(Judgement)、鉴赏(Appreciation)、扩大(Amplification)和介入(Engagement),他对情感、判断和鉴赏这三个主系统进行了重点阐述。在此之后,马丁和洛斯(Martin & Rose)对评价理论进行了修改和完善,将评价系统重新划分为态度(Attitude)、介入(Engagement)、级差(Graduation)三部分,其中态度系统是评价理论的主体。三个次系统又被进一步细化,态度系统分为情感、判断和鉴赏;介入细化为自言、借言;级差分为语势和聚焦。情感资源用以表达人的情感、传递情感意义,判断资源是依据伦理道德标准对人的品质和行为进行评价,鉴赏资源则是对某一物体、某一事件或某一事件过程的评价。2005年,马丁和怀特(White. P. R. R.)出版了《评估语言:英语评价系统》一书,在书中对评价理论进行了全面系统的梳理和介绍。

一是态度系统。态度系统是指心理受到影响后对人类行为、过程、现象等做出的裁决和鉴赏。说话人用态度来做判断,把情绪和情感与参加者和过程联系起来。

态度系统中次系统的情感属心理学中的反应范畴,是对行为、文本或过程及现象的反应,又可分为三种情况,即品质情感、过程情感和评注情感。评价态度在情感上的表现可能是正面的,也可能是负面的;可能是直接的,也可能是委婉的,但都体现了说话人的情感和立场。

态度系统中的判断系统是根据道德伦理的标准来评价语言使用者的行为,根据制度规范对人类行为可以做出肯定或否定的评判。判断系统可分为社会评判和社会约束两类,二者都有正面和负面两层含义。社会评判的正面意义是让人羡慕,负面意义是被人批评,但仅限于道德层面上的谴责，不会归结到法律层面；而社会约束的正面意义是受人表扬，负面意义是被人谴责，这里的谴责则包含法律效力。

态度系统中的鉴赏系统是对文本或过程及想象的评价，属美学范畴。可分为反应、构成和价值。反应是朝向人际意义的，描写语篇在读者或听者情绪上的影响，依据产品或过程的影响或质量来做评价。在组成中，根据成分评价产品和过程，看他是否符合各种结构的常规构成。价值的评定主要根据各种社会常规来评价物体、产品和过程。在对报刊话语分析中发现，其主要的价值是有关社会意义或显著性的价值以及危害。

二是介入系统。介入系统用于研究语篇和作者声音来源的语言资源，它关注的是言语进行人际或概念意义的协商方式。介入主要涉及自言和借言。借言涉及投射、情态、模糊词语等手段。投射包括引述和转述。引述或转述的内容可以是原话或大意，也可以是思想或感受。模糊词语是使用意义模糊的词汇，使不同听者或读者得出不同的解读结果。

三是级差系统。级差即加强或减弱程度，它不局限于任何一个领域，而是跨越整个评价系统。大多评价的价值根据强度分级，在高与低的连续体上。级差系统可分为语势和聚焦两个子系统。语势根据力度可以分为强势和弱势。

评价理论在中国的研究最早可追溯到 1988 年张德禄在《外语教学与研究》上发表的《论话语基调的范围及体现》一文中，但当时评价理论的框架还不够成熟，并未得到国内的重视。2001 年王振华在《外国语(上海外国语大学学报)》中发表了《评价系统及其运作——系统功能语言学的新发展》，至此，评价理论的研究才得到国内的重视。此后，李战子(2004)提出从认知、评价和互动三方面考察人际意义的语义模型，指出评价的模式与态势是文体的重要标志，认为评价资源可以从概念和语言两个方面进行识别。在概念上，他运用了“比较性、主观性、社会价值”的方法来识别评价资源；在语言学上，他从词汇、语法和文本三个层次识别评价资源;提出了评价的四个参数:好坏、必要性、期望和重要性。刘世铸(2007)在此基础上提出可以增加“标准”(Criteria)子系统,将篇外的评价者也纳入研究中,以弥补马丁评价系统局限于“篇内评价”的不足。

将评价理论进一步延伸至合作评价理论是解决体育公共服务公私有效合作的方法之一。国内外学术界与业界对公共服务公私合作评价体系进行过许多深入的探讨,例如,西方学者克莱伦斯·雷德(Clarence Led)和赫伯特·西蒙(Harbert Simen)出版的《市政工作衡量:行政管理评估标准的调查》一书,就提出应该以效率为导向建立公私合作评价体系。在英国,1979年,撒切尔政府开展了著名的“雷纳评审”。雷纳评审是一种对公共部门及公共服务公私供给的绩效评估体系,其评估的侧重点是经济与效率,追求投入产出比的最大化。在雷纳评审精神的指导下,1983年英国卫生与社会保障部提出了较为系统的绩效评估方案,设立140个绩效指标,应用于卫生管理部门与卫生服务系统的绩效评估。1993年美国政府成立全国绩效审查委员会(National Performance Review,NPR),目标在于“使整个政府降低开支、提高效率”,并公布《从繁文缛节到以结果为本——创造一个动作更好花费更少和政府》的报告。随后公布的《政府绩效与结果法》(*Government Performance and Results Act*,GPRA)可以说是公共服务绩效评估达到高潮的标志,它要求将绩效评估制度在联邦政府层级制度化。绩效评估的侧重点是公共服务的经济、效率和效益。根据经合组织的统计,自20世纪90年代以来,除了美国和英国,公共服务绩效评估在加拿大、丹麦、芬兰、挪威、德国、法国等国都得到广泛应用。

纵观公共服务公私合作评价体系研究,可以发现这些研究主要有以下特点:一是普遍采用带有模糊性的定性研究,而定量分析相对缺乏,同时缺乏科学的评价指标体系,使人无法认清公共服务公私合作的现状与困境。二是注重经济、效率评估,忽视公平、民主等价值评价。从评估指标的设置,到评估主体、评估方式的选择,都体现出追求经济、效率的原则。这就容易导致公共服务与私人服务混同，破坏公共服务的“公共性”本质，并使公共服务的公平、责任等价值受损。三是注重合作结果评价，轻合作过程评价。在产出导向、结果导向的指引下，公共服务公私合作评价内容指标集中于合作结果是否达到节约成本、提高效率的目的，而忽视合作过程是否民主、透明。在体育公共服务公私合作评价模型构建中，重视定性与定量分析相结合、注重公平性、重过程评价是本研究的创新点。

随着公众对公共服务需求的不断上涨，公私合作在公共服务供给中起到越来越重要的作用。在深化体育公共服务公私合作的推进过程中，主要存在因各方利益诉求不同、动力机制不足、评价标准不一，无法有效调动各方公私合作的积极性，造成公私合作“合而不融、冷热不均、利益错位、难以落地”，实质性运作难以有效开展的困境，因此，客观、系统地认识和评价公共服务公私合作模式，并以评价为突破口，及时有效发现与纠正运行误区、强化合作管理、提高合作绩效，这是关系到公私合作实践成败关键性问题，以全面提升体育公共服务公私合作水平为目标，构建公私合作评价理论体系。

本研究中所涉及的合作评价理论，是在评价理论框架的基础上，增加合作部分，建立公私合作评价指标体系，运用定性定量评价的方式提高评价的准确性和客观性，加以语言描述的方式，力求实现多维度、精细化的合作评价，强化公私内外的客观需要与内部需要。合作评价理论是评价公私合作的重要理论基础，通过合作评价达到以整合资源、分担风险、提高效率。合作应该以共赢为目标，实现双方的利益最大化。

第五节　公共治理理论

公共治理理论萌生于20世纪70年代，兴起于20世纪90年代。20

世纪70年代,市场的内在功能性缺陷和外部条件缺陷引起市场失灵,市场机制在资源配置的某些领域运作不灵,只靠自由市场机制达不到资源的最优配置,而政府也由于对非公共物品市场的不当干预或对公共物品配置的非公开、非公平和非公正行为,导致市场价格扭曲、市场秩序紊乱,政府形象与信誉丧失。社会的主要问题是政府和市场的关系亟须重新界定,因此有学者开始提倡公共服务的民营化、市场化。

20世纪80年代,社会化进程加快,公共事务的复杂性和动态性不断增加,民众普遍关注科层组织运行机制的有效性,开始对如何建构或实现不同发达程度国家的规范性状态展开探索,提出了“重塑政府”“重理政府”的口号。通过分析和反思“二战”后的非洲和拉美社会经济发展的一系列政策与发展绩效间的关系,将非洲和一些拉美国家的发展困难归为“不可治理性”。全球范围内传统的、高度集权经济体的市场化、分权化改革运动兴起,甚至是高度集权政治体制的解体,引发了一系列政治、经济和社会问题,为缓解和解决社会稳定性及整体性、公共权力配置问题等,人们开始思考如何构建一个民众普遍认同的秩序框架,加上个别发达国家的消解科层化运动和新公共管理运动,重新界定了政府的作用、政府间的关系以及如何规划民主政治的前景,确定了以市场为基本框架的公共管理范式,使得民众开始关注治理这一概念,并从根本上区分了统治与治理。

20世纪90年代,学者们开始重新探索国家和社会公共事务的管理模式,对市场失灵和国家失败进行反思,打出了“治理”的口号。詹姆斯·N.罗西瑙(James N. Rosenau)最早提出治理理论,他与其他学者围绕“没有政府的治理”这一核心主题展开讨论,对全球范围内政治社会转型和世界新秩序进行了探索,认为治理研究关注的是从国家职能向私人领域的转变,“没有政府的治理”是现代国家体系中的一个基本特征,罗西瑙将治理定义为:“一系列活动领域里的管理机制,是一种由共同的目标支持的管理活动。它们虽未得到正式授权,却能有效发挥作用。与统治不同,治理指的是一种由共同的目标支持的活动,这些管理活动的主体未必是政府,也无须依靠国家的强制力量来实现,治理的内涵更加丰富,包括政府机制同时也包括非正式的、非政府的机制。”该定义揭示了治理的权威不必基于某些国家机构设施,治理权力通过合作、配合、谈判和社会网络及邻里关系而运行。

治理理论的另一位学者罗伯特·罗茨(Robert Rhoads)则认为,“空洞国家”的出现与存在是治理衍生的现实所系,国家空洞化侵蚀了政府的协调与计划能力,即公共部门出现碎片化现象、承担公共职能的组织快速繁育,包括传统公共部门的衰弱与履职能力下降、公共事务的增多与公共组织的衍生、公私关系的紧张对立加剧,20 世纪 70 年代以来,政府面对繁杂的公共事务难以着手,进而引入市场机制。而自 20 世纪 80 年代以来,过度的市场则进一步导致政府统治的失序:“私有化以及公共干预范围的缩小、中央与地方政府部门功能的缺失、英国政府部门的缺失等。”罗茨认为,治理具有六种不同的定义:一是作为最小国家的管理活动的治理,它指的是国家削减公共开支,以最小的成本取得最大的效益。二是作为公司管理的治理,它指的是领导、控制和监督企业运行的组织体制。三是作为新公共管理的治理,它指的是将市场的激励机制和私人部门的管理手段引入政府的公共服务。四是作为善治的治理,指的是强调效率、法治、责任的公共服务体系。五是作为社会控制体系的治理,指的是政府与民间、公共部门与私人部门之间的合作与互动。六是作为自组织网络的治理,它指的是建立在信任与互利基础上的社会协调网络。在这六种定义中,罗茨更看重于治理定义中的自组织网络的应用,他认为治理应该是网络的自治管理。

鲍勃·杰索普(Bob Jessop)认为,协商的过程就是利益博弈和价值观争执的过程,因而达成共识和共同目标的过程是漫长的,有时是不可能的。他指出,治理的要点在于:“目标定于谈判和反思的过程之中,要通过谈判和反思加以调整。”治理理论不是万能的,同样也存在着失效的可能。治理理论的核心是通过平等的交流与不断的反馈来调整管理思路,并非传统统治治理逻辑下的直接命令,亦非新公共管理思维下的任其发展。而是讲究动态配合、协调合作机制下的资源整合,以期最终达成相对优化的治理共识。

格里·斯托克(Gerry Stoker)对于治理则提出了五种观点:一是治理意味着一系列来自政府的社会公共机构和行为者。二是治理意味着在为社会和经济问题寻求解决方案的过程中存在界限和责任方面的模糊性。三是治理明确肯定了在涉及集体行为的各个社会公共机构之间存在着权力依赖。四是治理意味着参与者最终将形成一个自主的网络。五是治理意味着办好事情的能力并不仅限于政府的权力,不限于政府的发号施令或运用权威。

经过对公共治理理论百余年的丰富和发展,目前普遍被接受和认可的公共治理理论定义是由全球治理委员会提出的,“治理是各种公共的或私人的个人和机构管理其事务的诸多方式的总和,它是使相互冲突的或补贴的利益得以调和并且采取联合行动的持续过程”。治理不是一整套规则,也不是一种活动,而是一个过程;治理过程的基础不是控制,而是协调;治理既涉及公共部门,也包括私人部分;治理不是一种正式的制度,而是持续的互动。

20世纪末,我国诸多学者开始围绕治理理论展开研究,我国对公共治理理论的引进延续了治理的政治意义,深化了对公共治理背景的认识。最早将治理理论引入我国并介绍治理理论的学者毛寿龙(1998)认为,治理的出现与西方政府的改革进程同步,是政府垄断公共权力而难以对公共事务有效管理的结果,导致西方国家面临着严重的财政危机,经济发展停滞,通货膨胀率居高不下,在此背景下,民众开始重新思考政府。毛寿龙将治理定义为政府引入市场以变革政治过程的活动，是政府采用市场机制以改革自身的方式，是在市场经济条件下政府如何界定自己的角色，如何运用市场方法管理公共事务的道理。治道变革（新治理）指的是西方政府在适应市场经济有效运行条件下，进行市场化改革，并把市场制度的基本观念引进公共领域，建设开放而有效的公共领域。

我国治理理论的学术研究的初步发展阶段分为三种方式，一是直接翻译西方国家公共治理的文献；二是介绍公共治理的相关理论基础；三是直接将“治理理论”应用于我国实际领域。随着我国社会进入转型时期，对于治理的研究也逐渐系统和完善，俞可平教授在《治理与善治》（2000）一书中全面而系统地论述了治理理论。他从政治学角度出发，认为治理主要是官方的或民间的公共管理组织在一个既定的范围内运用公共权威维持秩序，满足公众的需要。治理的目的是在各种不同的制度关系中运用权力去引导、控制和规范公民的各种活动，以最大限度地增进公共利益。所以，治理是一种公共管理活动和公共管理过程，包括必要的公共权威、管理规则、治理机制和治理方式。

近十余年，公共管理领域出现了新公共治理这一新理论，在史蒂芬·奥斯本（Stephen Osborne）的《新公共治理——公共治理理论和实践方面的新观点》一书中，在反思传统公共行政和新公共管理的基础上创造性地提出治理领域的一个新概念——新公共治理。从传统公共行政到新公共治理的范式变迁反映出公共事务管理领域的变化趋势，相较于传统公共行政，新公共治理理论更加适应 21 世纪公共政策实施与公共服务提供的日益复杂、多元和碎片化的特征。而新公共治理理论的核心观点即从治理而不是管理的视角来看待公共服务的供给，也就是需要治理公共服务组织网络间的多重关系，以及公共服务组织、服务使用者与公民之间的关系。网络化治理这一新兴公共治理模式，颠覆了以政府治理为主的传统公共行政范式和以市场化治理为主的新公共管理范式。网络化治理的目的在于实现与增进公共利益,政府部门和非政府部门等众多公共行动主体彼此合作,在相互依存的环境中分享公共权力,共同管理公共事务的过程。新公共治理中网络化的治理模式是在全球化、信息化、知识化的大背景下,对公共治理理论的创新和发展,它继承了多元治理主体的公共治理核心理念,以期最终实现全社会的共同价值和利益。

综上,公共治理理论源于传统国家与市场双范式的实效以及公共社会领域在政治社会中重要影响地位的获得与发展。经过多年的丰富和发展,对于公共治理理论的研究视角从"管理"转向"治理",研究内容更为强调"公共",研究主体从科层制转向为"网络治理"。有关公共治理理论的概念诸多,但其概念阐释都未脱离社会间的公共性,都是以公共事务为对象,以公共利益的最优解为导向,力图以公共治理理论为依托,最大限度发挥社会和公民的纽带作用,实现对公共实体的多维度管控,从而达到公共利益的最优配置。

第六节　政府绩效评估理论

政府绩效评估,就是政府自身或社会其他组织通过多种方式对政府的决策和管理行为所产生的政治、经济、文化、环境等短期和长远的影响和效果进行分析、比较、评价和测量。对政府绩效进行评估,是规范行政行为、提高行政效能的一项重要制度和有效方法。

目前对政府绩效的评估从评估标准上看,分为两种:一种是对政府活动及其结果的评估,另一种是对政府能力的评估。对政府活动及其结果的评估可以是合规评估、效果评估、经济性评估、成本—效益评估、配置效率评估以及公平性评估。目前大多数政府绩效评估属于此类。其评估主体主要是政府或政府委托的组织。从性质上讲,这类评估大多属于一种内部评估，是政府部门为提高自身的效率和责任而进行的自律式评估。这种评估对加强政府管理、明确管理职责是必要的。这种评估最大的困难在于难以为所有政府部门的绩效评估提供统一的标准，因而政府部门之间的比较是非常困难的，甚至几乎是不可能的，这就意味着难以将预算拨款与政府绩效联结起来，从而使绩效评估作为提高政府效率手段的作用大打折扣。与上述绩效评估相比，对政府管理能力的评估目前还很少被采用。

西方国家对于政府绩效评估的研究和实践时间较长、研究较为深入，在西方公共行政理论发展过程中，对政府绩效即绩效评估的理解历经了多次较大的范式转换，在不同时期，衡量政府绩效的标准和价值取向有所不同，传统的公共行政理论关注行政过程的效率，现代公共行政理论则强调政府的社会责任，强化公民在政府绩效评估中的地位和角色，从而拓宽政府绩效的内涵结构，因此，政府绩效评估的实践也从效率导向型评估转变为效益导向型评估再到服务导向型评估。

从政府绩效评估的内涵来看，仅从字面上看，政府绩效评估指的就是对政府所做的成绩和所获得的效益进行的评价，但其内涵不仅包括政府的产出绩效，即政府提供公共服务和进行社会管理的绩效表现；还包括政府的过程绩效，即政府在形式职能过程中的绩效表现。自 20 世纪 80 年代以来，国外对政府绩效评估的研究逐渐增多，政府绩效管理逐渐成为发达国家政府管理的主要方式。在对政府绩效评估的研究过程中，首先是界定其基本内涵，肯尼斯·普尼维特（Kenneth Prewitt）认为，政府绩效评估就是根据管理的效率、能力、服务质量、公共责任和社会公众满意程度等方面的判断，对政府公共部门管理过程中投入、产出、中期成果和最终成果所反映的绩效进行评定和划分等级。美国所颁布的《1993 政府绩效结果法案》中指出政府绩效评估是一种评估方式，通过客观的测量和系统的分析，确定联邦政府的项目是否达到预定目标的程度和方式。尼古拉斯·亨利(Negulasy Henley)则认为政府绩效评估就是基于服务或项目的结果和效率的常规评估,至少包括三方面的目的:其一,为每个计划的绩效指标提供基准价值以及提供必要的行动。其二,为指标提供历史数据,使得每一个需要测量的选项有所比较。其三,为工作进展是否符合战略计划目标提供主要结果指标的数据。克罗伊哥·弗汀(Craig Foltin)认为,政府绩效评估是确定纳税人资源是否有效的用于服务和行政管理项目的过程。这包括了数据的收集和分析,标杆和谨慎的预算设定,其中标杆是最重要的,为政府测量或判断绩效提供标准和参考。

从发展阶段来看,政府绩效评估在美国最早发端于1906年纽约市政研究院的绩效评估实践,美国行政学家吉特·波科特(Geert Bouckaert)在《公共生产力的历史演变》中,以公共行政理论的历史演变为分类标准,将绩效评估的历史分为四个阶段:“效率政府”时期(1900—1940)、“行政官员政府”时期(1940—1970)、“管理者政府”时期(1970—1980)、“民营化政府”时期(1980—1990)。而美国的尼古拉斯·亨利(Negulasy Henley)则认为政府绩效评估就是基于服务或项目的结果和效率的常规评估,至少包括在《公共行政与公共事务》中,以不同时期政府绩效评估的侧重点为依据,将政府绩效评估的历史分为五个阶段:效率时期(1900—1940)、预算时期(1940—1970)、管理时期(1970—1980)、民营化时期(1980—1992)、政府再造时期(1992—今)。这两种分类都突显了不同历史时期政府绩效评估的特点,但由于历史局限性,两种分类也都存在着分类标准模糊、各阶段分界不明显的问题。根据公共行政理论的历史演变和不同历史时期政府绩效评估的主要特点,我国学者将美国政府绩效评估分为三个主要阶段:萌芽时期(1900—1940)、绩效预算时期(1940—1980)、全面发展时期(1980—2000),并且逐步形成新的管理制度——绩效管理制度。

就我国而言,从学术角度来看,我国学术界自20世纪90年代开始进行政府绩效评估方面的理论研究，在翻译和引进西方相关理论文章和书籍的基础上，逐渐开始引入西方的实践模式。2005 年国务院《政府工作报告》中提出“抓紧研究建立科学的政府绩效评估体系”，自此之后，许多中央部委和地方政府开始进行行政体制的改革和政府管理的创新，在学习西方经验的基础上，根据中国具体实际，不断对中国政府绩效评估进行调整和完善，从建国之后到改革开放之前的围绕政治忠诚的单一考核，到改革开放以来前二十年的 GDP 导向下的经济绩效考核，再到改革开放以来后二十年社会力量参与下的综合评估，形成了内部独立评估、内部主导评估、外部主导评估和外部独立评估等差异显著的评估模式。由此可见，我国一直在探索和研究能够适应我国基本国情的政府绩效评估，形成具有中国特色的政府绩效评估标准和模式。

从实践角度来看，我国地方政府绩效评估大致分为普适性的政府绩效评估、具体行业的组织绩效评估和专项绩效评估三种类型。在不断深化改革扩大开放的历史进程中，一些地方政府积极探索公民社会参与政府绩效考核评价的方式，不断拓宽公民和服务对象考评政府部门和公务员的渠道。但是，我国地方政府绩效评估的理论和实践还处于初级阶段，还存在一些问题。因此，要选择适合中国国情的服务型地方政府绩效评估路径，不断创新发展模式。

目前，我国政府绩效评估的形式主要包括政府组织的自我评估（如政府机关目标责任制考核）、专门政府机构进行的评估（如政府绩效审计）以及公众参与评估（如人民满意机关评选活动）等。就我国专门政府机构所进行的公共支出绩效评估而言，除政府绩效审计外，财政部从 2000 年开始探索在我国公共财政体制框架下建立公共支出绩效评估制度，尝试建立一套由财政部统一组织管理，财政部门、各部门、项目或计划单位分级实施的组织模式。也就是说，我国目前对政府公共支出进行绩效评估是由财政部门与审计机关共同组织实施的。由此可见，政府绩效评估是我国政府绩效管理一项重要手段,而绩效审计则在政府绩效管理、政府绩效评估体系中居于重要地位。

第七节　体育公共服务公私合作评价理论模型

体育公共服务是政府机关为满足全民体育需求、促进公民平等享受基本体育权利的基础上所设立的服务体系。公私合作模式(Public Private Partnership,简称PPP)是公共产品供给和购买公共服务的重要途径,PPP是指政府与社会资本间的合作治理机制。从2003年党的十六届三中全会以来,我国政府先后出台了一系列推进公共服务公私合作的政策,发展和积极引导非公有制经济,允许非公有资本进入法律法规未禁入的基础设施、公共事业及其他行业和领域,公私合作模式在增加私人经济活力、减少行政成本等方面做出贡献。

建立体育公共服务公私合作评价理论模型,有助于比较准确、客观、规范地演绎和拟定适宜体育公共服务的评价方法,从而促进体育公共服务科学化、规范化发展,推动体育公共服务更好地服务于大众。由于公私合作的主要参与者是政府和私营部门,它们也是体育公共服务的主要供给主体,在合作评价中也居于主要地位,所以在构建体育公共服务公私合作评价理论模型的过程中要充分考虑政府和私营部门不同的角色定位和职能,从而实现体育公共服务公私合作有序开展的同时保障民众的公共利益。

理论模型的表述形式有物理模型和数学模型两种。物理模型的一种最基本的表现形式是一个或一组陈述模型的核心假设和桥梁假设的命题。但与以命题表述的理论模型相比,形象化的理论模型具有较为实在的特征，能够使不可见的微观机理转化为可见的线条和图像进入人们的思维世界，从而为人们提供被研究对象的新信息。一般理论模型的建构通常需要经历准备、形成雏形和定形与检验三个阶段。最后，还需要从以下三个方面对理论模型做进一步的检验：其一，从现有的背景理论来看，该模型的基本假设能否成立。其二，模型的基本假设之间有无潜在的逻辑矛盾。其三，模型的基本假设是否与经验事实相一致。因此，在建立体育公共服务公私合作评价模型时，要围绕"公共物品"这一特性设置原则、指标和选择评价方法。

首先是评价模型的原则。公共体育服务是社会福利体系的组成部分，在以人为本的理念下，为实现全体公民的公共体育利益，保障公民公平地享受体育服务。在建立评价模型时应遵循目的性、全面性、适用性的原则，即评价指标体系的指标特征不仅能反映评价对象当前的特征还应对评价客体的发展有导向作用，评价体系的目的是对体育公共服务质量进行公正、科学的评估，作为相关政府部门的决策工具，对公私合作进行全面改善；评价内容与指标体系的确定过程中，应协调兼顾体育公共服务的经济属性和社会属性双重属性，既要注重对体育公共服务公私合作的经济效率进行评价，还要注重对合作中的民主公平等价值实现的程度进行评价；评价指标体系能较为准确地反映体育公共服务公私合作的特征，并具有界定清晰、层次分明等特点。

其次是评价模型的指标。本研究中将体育公共服务公私合作评价的指标分为绩效评价和质量评价，绩效评价以客观为主，质量评价以主观为主。绩效评价主要参考投入指标，包括两个部分：经济评价和效益评价。经济评价即投入的经费和国家政府的政策法规；效益评价即评价公私合作对体育公共服务所产生的正面和负面效益。质量评价是引入专业人士组成专家智库负责体育公共服务的绩效评价，将绩效评价的结果作为评价内容，而公众作为体育公共服务质量利益相关者的一方，理应享有评价体育公共服务质量的话语权,所以在专家智库对绩效进行评价基础上,还应对民众进行调查,将公民的满意度、感知质量作为质量评价的一部分,从而构成二元评价主体。

最后是评价方法。一是数据包络分析法(Data Envelopment Analysis,简称 DEA),是一种相对评价的方式,该方法是美国著名运筹学家查恩斯(A. Charnes)和库柏(W. W. Cooper)等人在 1978 年提出的一种效率分析方法。适用于相同类型多指标投入与多指标产出的决策单元进行相对有效性评价。被评价的实体称为决策单元 DMU(Decision Making Unit),对 DMU 的输入输出量进行综合比较,得到效率指标,然后分级排序,从最有利于决策的角度进行效率改进,可以避免人为因素选取的各指标的权重而使得研究结果的客观性降低。通过数据包络分析法对体育公共服务公私合作进行效益分析,简洁且容易操作,对于政府活动和私营部门活动形成高效的政策性指标。二是层次分析法(Analytic Hierarchy Process,简称 AHP)。层析分析法是一种使人们的思维过程和主观判断实现规范化、数量化的方法,可以使很多不确定因素得到很大限度降低,不仅简化了系统分析与计算工作,而且有助于决策者保持其思维过程和决策过程原则的一致性。对于那些难以全部量化处理的复杂的管理问题,能得到比较满意的决策结果,因此是一种确定权重的科学方法。具有灵活性、实用性、易操作性和系统性的特点。三是模糊评价法(Fuzzy Comprehensive E-valuation,简称 FCE)。模糊评价法是一种应用非常广泛并且有效的模糊数学方法,简单来说,就是运用模糊数学和模糊统计方法,通过对影响某事物的各个因素的综合考虑,对该事物的优劣做出科学地评价。模糊综合评价就是应用模糊变换原理和最大隶属度原则,考虑与被评价事物相关的各个因素,从而对其所做的综合评价。在评价过程中可以将层次分析法和模糊分析法有机结合,即通过层次分析法确定子目标和各指标权重,再用模糊评价法对体育公共服务公私合作进行综合评价。总的来说,是通过多种定性与定量的评价方法相结合的方式，对体育公共服务公私合作进行综合评价，以此构建体育公共服务公私合作评价理论模型，如图2所示。

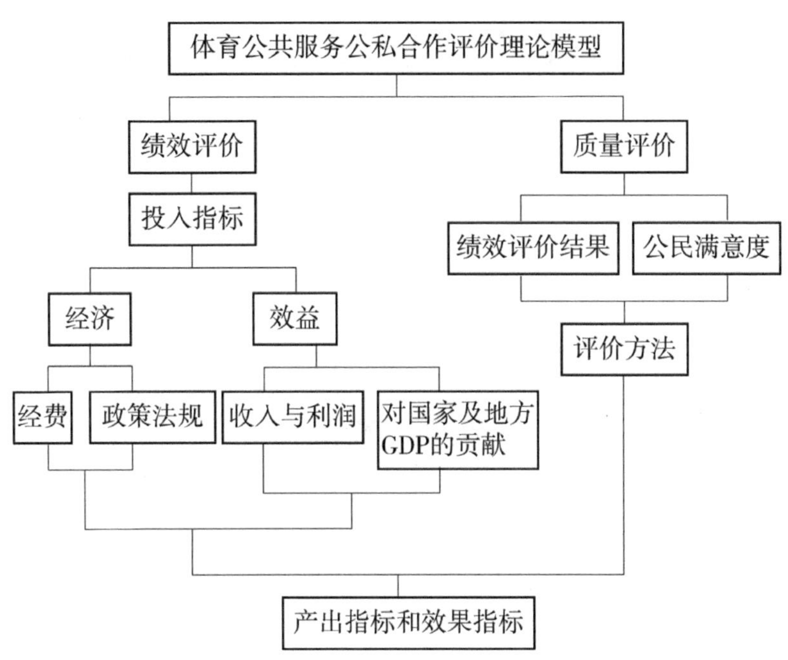

图2　体育公共服务公私合作评价理论模型

第三章 体育公共服务公私合作评价的实践结构

第一节 体育公共服务公私合作的发展历程

新中国成立以来,我国体育公共服务供给大体经历了三个发展阶段:以政府投入为基础的一元供给阶段;以社会化改革、市场化改革为基础的多元供给阶段;以科学发展观为基础的复合供给阶段。每一个阶段都对我国体育公共服务的发展起到了重要的作用。为此,我们对我国体育公共服务供给的发展历程进行深入研究,有助于了解我国体育公共服务发展中存在的主要问题,从而为我国体育公共服务的有效供给提供帮助。

一、中华人民共和国成立初期以政府投入为基础的一元供给阶段(1949—1978)

中华人民共和国成立初期政府单一体育公共服务供给模式的形成有着深刻的历史背景。一方面,新中国刚刚成立,百废待兴,体育领域一穷二白,我国体育发展的主要矛盾是落后的体育生产与人们不断增长的体育需求的矛盾,同时从政治上要突出社会主义的优越性,赶超西方发达国家,利用国家投入快速促进我国体育公共服务事业的快速发展是符合历史现实的;另一方面,影响了我国体育公共服务的供给模式。在这两方面原因的作用下,党和国家各级政府逐步形成了集中力量,快速提高我国体育基础设施,增强人民体质,提高我国体育公共服务发展水平的策略方针,政府单一化提供体育公共服务的模式逐步形成。

从实际效果来看,政府单一体育公共服务供给模式的形成的确对我国体育公共服务的发展起到推动作用。到 1956 年,我国体育场馆、公共基础设施等从 1949 年的 110 多个增至 590 多个,这一阶段取到的显著成绩为之后体育公共服务的发展打下了基础。从社会学的角度来看,纵然政府单一的体育供给模式不是体育公共服务的最优运行模式,但是其在较短时间内使我国体育基础设施有所改善的实际效果是大众有目共睹的,使我国体育公共事业得到了迅速的发展。

二、改革开放初期以社会化改革、市场化改革为基础的多元供给阶段(1979—2001)

1979 年以后,随着我国经济体制改革、政治体制改革的不断深入,我国体育领域也发生了根本性的变化,这一阶段体育公共服务的供给具有明显的社会化、市场化、二元化、地方化四个基本特征。

第一,体育公共服务社会化改革不断发展。我国体育公共服务社会化改革始于 20 世纪 80 年代末期,在 1986 年 4 月,国家体委发布《国家体委关于体育体制改革的决定(草案)》,明确提出:“抓好体育社会化这一环节,克服体育过分集中国家办的弊端,放手发展全社会办体育。”我国体育公共服务的供给逐步从国家供给过渡到国家供给与社会供给相结合,行业体协、基层体协、体育社团获得了很大的发展,并积极参与体育公共服务的供给。

第二,体育公共服务市场化不足与市场化过度并存。体育公共服务市场化改革是我国体育管理部门根据我国体育公共服务发展的实际情况做出的又一重要决策。一方面,希望通过市场提高体育公共服务供给的效率和质量;另一方面,希望通过丰富的市场供给满足人们的日益多元化的体育公共服务需求,尤其是满足一部分人的个性需求。应该说,我国体育公共服务市场化改革是基本成功的,促进了我国体育公共服务的多层次、竞争式发展,既解决了我国体育公共服务发展中的投入不足问题,公众的多元体育文化需求也逐步得到满足。但是,由于体育管理体制改革的滞后性,我国体育公共服务市场化改革也出现了许多问题,最为典型的是市场化不足与市场化过度的问题。一方面受传统观念的影响,一部分官员及体育管理部门不愿丧失在体育公共服务领域对资源的垄断占有权,导致很多体育公共服务本应该引入市场竞争,却通过改革蜕化在体育管理系统内进行瓜分,这一点在单项体育协会中体现得最为明显,许多体育技能培训、比赛的举办被单项体育协会所垄断,单项体育服务行使的仍然是政府职能,导致我国体育公共服务市场化改革不足。而另一方面,由于体育公共服务设施投入巨大,各级政府及体育管理部门出现经济利益考虑,又把许多不应推向市场的推向了市场,比如基础体育设施建设。当基础设施建设推向市场后,其管理与使用也必然以市场的方式进行,而由于我国在社会转型期,收入差距较大,这在无形之中剥夺了农民、手工业者等弱势群体的体育锻炼权利,而中高产收入阶层利用自身的经济优势,占有了大部分体育资源,导致了我国体育利益冲突的产生。

第三,体育公共服务供给没有脱离传统的城乡二元体制。我国城乡二元公共服务体系形成于20世纪50年代,其核心基础是城乡户籍制度,以户籍为基本分界线,形成了二元社会保障制度、教育制度、就业制度等一系列社会制度体系。这些制度的共同体有一个基本特征,就是从多方面把我国民众分为两个完全不同的阶层,即城市阶层和农村阶层。由于20世纪50年代末期我国开始推行"城市公益事业政府办,农村公益事业农民办”，而农村随着集体经济的解体，传统的公共服务体系也不断瓦解，这样到了20世纪80年代，农村公共体系基本消失，包括体育公共服务在内的供给基本停滞。也可以毫不夸张地说20世纪八九十年代中国农村基本不存在体育公共服务供给。到了20世纪90年代后期，党和国家各级政府在城乡体育公共服务差距水平不断加大的情况上，开始逐步重视农村体育公共服务的发展，但这一阶段体育公共服务的供给并没有制度化、经常化的特征，城乡二元化供给依然非常明显，在实际的发展中也是以能带来政绩的体育场地设施为重点，而影响农村体育可持续发展的农民体育意识培养、体育技能提高并没有受到根本重视，并且实际投入与城市相比仍然差距很大。

第四，体育公共服务供给责任的地方化也是这一阶段我国体育公共服务供给的又一重要特征，甚至可以毫不夸张地说，它甚至决定性地影响了这一阶段我国体育公共服务的整体发展。20世纪80年代的财政体制改革在提高了地方政府财政能力的同时，严重削弱了中央政府的财政汲取能力，同时中央对地方政府的控制也日渐弱化，为改变这一现状，我国在1994年开始推行分税制改革，用以加强中央财权。但中央和地方财权得到了明确划分，但事权并没有明确，这就导致地方政府用30%—40%的财权承担70%的事权，这给体育公共服务带来了严重的打击。一方面政府用于公共服务的整体投入不足，这些公共服务投入被优先用于了医疗教育、社会保障等领域，体育公共服务投入基本不受到重视，投入严重不足，我国2000年以后的体育公共服务投入甚至达不到发达国家20世纪七八十年代的水平，尤其是农村基层政府，更是无法为农民提供相应的体育公共服务。

三、现阶段以科学发展观为基础的复合供给阶段（2002—今）

21世纪以后，在科学发展观的指导下，我国进入了经济建设和社会建设并重的历史发展阶段，发展公共服务成为各级政府的工作重点。2002年，在党的十六大报告中把发展公共服务明确列为政府的四项主要职能之一，并重点强调了社会管理和公共服务的强化问题。2005年，国务院《政府工作报告》中又一次提出“建设服务型政府”的要求。在此背景下，我国体育管理体制不断发展，目的逐渐明确，即通过创新体育管理方式的公共服务方式，扩大公众及社会主体参与体育公共服务发展，逐步构建覆盖全民的体育公共服务体系，全面增强政府体育公共服务能力，有效回应公众体育公共服务需求，逐步为公众提供良好的体育公共服务。在科学发展观的指导下，我国体育公共服务的发展进入新的历史阶段，利益补偿、资源整合、多元参与的复合式体育供给得到了很大的发展。

第二节　体育公共服务公私合作的开展背景

自改革开放之后，随着社会经济的飞速发展，多元化的体育服务体系逐步建立，体育公共服务公私合作模式也随之形成。与此同时，伴随人民生活水平的日益提高，对体育公共服务的需求也越来越大，一定程度助推了公私合作模式在体育公共服务领域的应用，以来满足人民日益增长的锻炼需求。基于此，我们分别从政策、社会、人的发展三个方面来分析公共服务公私合作模式在体育领域的开展背景。

一、政策背景

近年来，国家为了给公用事业市场化的发展创造好的发展环境条件，相继颁布了一系列政策、法规条例来支持其发展。2002年12月27日，国家建设部下发了《关于加快市政公用行业市场化进程意见》，并在意见中指出:市政公用行业引入竞争机制,建立政府特许经营制度,尽快形成与社会主义市场经济体制相适应的市政公用行业的市场体系。2003 年 10 月 11 日,在党的十六届三中全会通过的《中共中央关于完善社会主义市场经济体制若干问题的决定》,并在决定中指出,对于限制非公有制经济发展的相关法律法规加以修订和消除,放宽市场准入条款,批准社会资本加入未被法律禁止的社会基础设施、公用事业和其他领域的建设。2022 年 12 月 25 日,国家发展改革委员会下发《扩大内需战略规划纲要(2022—2035 年)》,并在纲要中指出:第一,建设高效、规范、公平竞争的全国统一市场发展环境,清除阻碍市场资源配置以及商品服务流通的运行机制缺陷,使社会交易成本得以下降。第二,健全市场准入负面清单制度,提高市场准入效能。第三,推进公用事业等其他竞争性行业的市场化改革,并对政府的市场监管权力进行层级划分,构建跨区域市场监管机制,进而防止政府部门行政权力的滥用对市场竞争造成限制。

可以说,公共服务领域相关政策、法规的出台为社会资本力量参与公共体育基础设施建设的供给与运营扫除市场准入困难,并且在一定程度上为公共体育服务公私合作模式的实施提供制度保障。不仅使市场准入效能得到提升,而且实现对私人部门参与到公共体育设施建设与运营主动性、积极性的有效调动,促进了在公共体育设施建设上在与各类私人部门合作选择上的增多,为后续基础设施建设运营预期效益的产生奠定了基础。

二、社会背景

(一)供给与运营的现实对民营化提出迫切需求

1. 场馆设施需求大,供给普遍不足

伴随着新时期我国体育工作改革和发展的目标与任务,力争实现体育大国向体育强国的转变。发展任务和目标的转变在某种程度上促进了

国内各类体育赛事的盛行。奥运会、冬奥会、全运会、省运会等重大体育赛事在各个城市选址举办,极大地推动了当地经济发展以及对场馆基础设施的需求。但是对于体育基础设施建设动辄上亿元的资金投入使政府财政支出压力过大,并且对于财政收支相抵后的差额表现出的持续性负增长,使政府赤字规模不断扩大化直接影响到地方经济的发展和社会的稳定性。根据中体产业集团吴振绵先生对国内 150 多个省辖市的走访,80%以上的城市都存在体育设施落后或不完善及现有的体育场馆闲置、亏本等问题,但各城市因财政拮据,而对现状无法改变。在所调查的 150 多个省辖市中约有三分之一以上的城市渴望与私人企业部门合作,引入社会资本力量促进所在城市公共基础设施的建设、管理与经营。因此,不难看出,地方政府对于公共体育场馆设施需求大,但是受政府资金的限制,导致体育场馆等基础设施供应不足,无法满足当下社会发展的需求,使其不得不将社会资本合作引入到公共体育服务基础设施建设中,走向公私合作模式。

2. 经营状况普遍不理想

目前,我国绝大多数体育场馆的运行呈现不理想的态势。就拿 2008 年北京奥运会所使用的国家体育场(鸟巢)来讲,“鸟巢”是采用 PPP 模式由政府和中信联合体共同投资建立的公共体育设施,在 PPP 合作项目中中信联合体负责政府出资以外的所有环节的建造,如场馆的整体设计、项目融资、项目建设、项目移交等环节,并具有“鸟巢”30 年特许经营权,在运行的 30 年内所产生的收益归中信集团所有。然而,就在大家非常看好“鸟巢”的公私合作模式的情况下,中信集团于 2008 年北京奥运会之后终止了与政府部门的 PPP 项目合作,将“鸟巢”的经营权重新归还给政府部门。有一种观点认为中信联合体与政府部门之间的 PPP 合作终止的根本原因在于社会投资方选择不当。中信联合体擅长领域主要集中在融资及工程建设部分,对于大型体育设施场馆的管理运行相对缺乏,从而导致日常运营缺乏合理规划,最终致使管理混乱难以为继场馆开销。并且对于市场风险分担上出现失误,使中信联合体完全承担经营期所有的市场风险,政府不给予相应保障措施。这就使得社会资本一方需要承担经营期间所有损失,进而难以实现预期收益,使得项目最终因资本压力超负荷而终止。因此,政府不得不通过财政拨款维持鸟巢的持续运作。

以 2004 年为例,全国体育系统用于场馆设施的补助费用高达 15.68 亿元。可见,经济欠发达地区在于公共体育基础设施上处在收支持续性负增长的状态,收入难以维持日常设施维护费用,但又由于政府补贴有限,这就致使很大一部分公共基础场馆设施难以维持运营。并且在场馆设施的收入来源还仅局限于场地出租、房屋出租两个方面,对于公共体育场馆设施利用的其他方面商业价值没有很好的挖掘与利用,使公共体育基础场馆资源出现浪费。可以说,对于当下公共体育服务的发展我们迫切需要引入专业的社会资本运营管理部门,从而对公共体育场馆设施的运营现状进行改善。

3. 对消费者缺乏回应性

在我国,大部分场馆设施是为举办大型赛事的需要而建设的,对于赛后场馆的运营管理缺少考虑,这就间接导致了场馆设施在完成举办大型比赛的使命后出现闲置的社会现象。并且场馆的器材设施起初是为了大型赛事举办的便利而建造的,不适于在赛后开展全民健身活动,这就致使了场馆设施资源大量闲置,利用率过低。这不仅无法实现场馆设施的经济效益,而且也导致了场馆设施的社会效益难以发挥。从运营管理层面来说,部分场馆设施资源的建立依靠全额和差额拨款的事业单位,对于资本创收压力较小,即使政府迫于国家服务为民的使命压力将场馆对外开放,但在缺乏公众回应性的基础下,场馆开放时间、服务产品开发深度、场馆设施服务质量等方面存在不合理之处,对于消费者日益多元化的消费需求难以满足,这在一定程度上致使了场馆设施的高成本运作和亏损运营,使场馆的社会效益无法按照预想如期实现。可以说,公共体育场馆设施的建设、运营与管理需要社会资本的共同参与,通过场馆设施的民营化,提高对消费者的回应性,从而满足新时代人们对美好生活的向往与追求。

例如,“鸟巢”的建立,起初是为了2008年北京奥运会场馆设施的需要而建立的,采用政府和社会资本共同出资的公私合作模式。在当时全社会都在质疑公私合作模式是否真正适合中国体育公共服务领域的年代,“鸟巢”的成功建立无疑是打消质疑的重要举动。但是在北京奥运会成功举办之后关于后期场馆的运营与管理出现的显著问题,在场馆建设前期,社会资本与政府对于赛中与赛后场馆资源收入的划分有明确的分配,但是由于消费者缺乏回应性,使得场馆建成后的运营与管理方向出现偏颇,不能够很好地满足消费者的体育需求。这就导致了后期社会资本由于达不到理想的经济效益而终止合作的结果出现,使得“鸟巢”的后期运营管理权又全部落到了政府头上。

(二)具有一定的盈利性

私人企业部门参与公共体育设施供给与运营首先考虑的一个问题便是能否为企业自身带来经济效益。即使当前我国在公共体育基础设施运营上的盈利性较弱,难以为私人部门带来预期的经济效益已成为不争的事实,但社会资本仍可以通过体育基础设施的配套商业设施的合理规划经营来为其自身带来投资回报。并且在公共设施建设之初政府都会在公共基础设施的建设上配套一定面积数额的商业用地,以使企业部门进行规划经营管理获取投资回报。就像“鸟巢”在建设之初,政府就出台场馆建设配套设施来支持其建设,主动承担“鸟巢”施工过程中的全部配套基础设施的使用与调动。例如,工程用水、用电、交通、道路等资源要素的应用。并颁布优厚的土地政策,建设“鸟巢”所用土地的一级开发费用仅1040元/平方米,这就使得其附属的商业用地开发成本低,相当于相邻地段土地市场出让价的10%，从而吸引社会资本对“鸟巢”建设的投资。此外，公共体育设施还具有凝聚人气的功效，一方面，可带动周边配套商业设施的发展，提高私人部门的投资回报率；另一方面，能够吸引社会资本力量加入到公共体育服务领域的建设中，既实现对社会私人企业部门投资力量的控流，又为提升社会资本的使用率，激发社会经济活力发挥出显著性作用。

（三）私人部门的快速发展使其足以担当民营化的重任

近20年来，我国国内生产总值持续增长，经济活力不断提升，作为非公有制经济组成部分的民营企业得到迅速的发展并获得了一定的资本积累，且在其经营规模、资金实力等方面都已然达到相当壮大与雄厚的水平，因此，在公共体育领域不乏冒出了一批资产过亿元的大型企业集团，如中体产业集团、中南建设集团、中奥体育产业集团、泰山体育产业集团等。与此同时，在大势所趋下一批专业从事公共体育设施运营的私人企业部门扶摇直上。例如，广州珠江实业有限公司从事体育场地建设、维修和运营；南京体育集团场馆运营管理有限公司从事体育器材及相关设施设备租赁；浙江万航信息科技有限公司从事体育休闲产业资源整合、开发，中润泰和控股（北京）有限公司从事体育信息咨询。部分国外从事体育设施建设与运营策划咨询服务的相关企业集团相继登录中国，共同参与到公共体育设施建设与运营专业化服务提升的行业发展中。可见，民营经济在这些年来得到了很好的发展，使诸多从事体育设施建设与运营的市场主体得到发育，从而促使其有足够的能力担当与政府共同建设公共体育服务领域的重任。

（四）成功实践为民营化奠定基础

近来，国内采用公私合作模式建设的公共体育设施逐渐增加。例如，北京工人体育场、广州体育馆、杭州奥体中心、天津奥体中心、黄石奥体中心等体育场馆设施的建设均是PPP模式在体育项目中应用的成功实践，并且大部分公共体育场馆设施已完成建设并投入到政府和私人企业部门的管理与运营中。因此,在这里不得不说一下继“鸟巢”PPP 模式运行失误后国内首例运用 PPP 模式进行建设和经营成功的体育场馆——广州体育馆。广州体育馆经营的成功与当时广州珠江体育文化发展有限公司和政府签订合作协议时对场馆未来发展前景的预判,以及与政府在谈判初期的良好沟通所给予的发展优惠政策密不可分——“运动村”在赛时无偿使用后,赛后可当商品房出售,所得收益归广州珠江体育文化公司所有。这部分盈利用来维持在 2001 至 2003 年广州体育馆亏损时期场馆的正常运营,使其度过场馆初始运营的艰难期,为之后的持续盈利奠定了基础。可以说,广州体育馆 PPP 模式运营的成功实践使之后公共体育领域公私合作模式的开展具备了牢固的前提。

部分现有场馆设施也逐步采用民营化方式进行运作,如宁波游泳中心、武汉体育中心等场馆设施采用委托经营或服务外包等多种民营化方式进行运作,在经济效益和社会效益等方面均取得了较大的成功。国内诸多场馆设施民营化的成功实践,为场馆设施的民营化积累了丰富的经验,有助于场馆设施民营化在全国范围内的推广与实践。

三、人的发展

体育对于个人健康、社交互动和社会凝聚力的重要性不言而喻。满足人民的体育需求式体育公共服务开展的重中之重。体育公共服务公私合作作为政府、市场和社会主体的协作治理不仅能够促进体育的发展,满足人民多样化、个性化的体育需求,同时,有助于建立社交关系和团队合作能力,促进政府、市场和社会主体的专业优势,实现社会资源的高效利用从而吸引更多社会公众参与体育活动,提高整体健康水平和社会福祉。而当下体育场地设施发展不平衡和不充分制约了体育公共服务供给,政府单一的体育公共服务资源难以满足公共对体育的需求,因此,需要具有不同资源禀赋和专业优势的多元治理主体参与进来并形成联动性的关系结构,以来提供额外的资源和技术支持。通过多元治理主体的广泛参与和高度协调,充分发挥各方的体育资源优势,共同促进体育公共服务综合效益的提升,以满足社会不同群体的体育锻炼需求,并进一步提升公众的身体健康和心理健康水平,提高情绪和减轻压力,改善自尊心和自信心,减少焦虑和抑郁的症状,从而提高现代人整体生活质量。可以说,体育公共服务公私合作对于社会的全面繁荣和人的全面发展具有重要意义。

第三节　体育公共服务公私合作的现状分析

针对当下公共体育服务公私合作现状,我们从政策法律、信息渠道、协同动力、供给需求五个方面展开分析,具体如下:

一、各主体运行政策法律依据薄弱

良好的政策法律环境能够为事物的发展提供平稳运行的社会环境,是事物存在与发展的在自然条件和社会条件的总和。当前公私合作制在体育公共服务事业领域实行推进,这就促使原有政府部门和消费者的双向发展关系向政府部门、私有企业部门以及消费者三者关系的转变。然而,关系的转变势必伴随着职责权力的变化,这就使得政府从直接经营管理向监督引导转变,私人企业部门在公私合作中被赋予委托代理的权力。为此,在这些权力关系的变化中势必需要对政府、私人部门的权利进行规范,将其纳入法律框架十分重要,这样既可以避免在权力运行过程中所出现的冲突和矛盾,又能够明确各个部门在体育公共服务公私合作制中的职责的划分。但是当下我国体育公共服务领域的法制建设远不能满足实际所需，在政策法规的出台上仍处于完善阶段，相较于西方国家的PPP市场在成熟度上处在较低水平，从而致使我国目前处于一个“少法可依”的现状，远不能满足当下公私合作制对体育公共服务领域的现实需求。

当前在政府监管和公私合作制领域面临着法律规定不全面、内容模糊和条款冲突等情况。这就导致了在体育公共服务公私合作制中一系列问题的出现。一方面，因为体育公共领域基础性法律法规的缺失，从而导致部门利益主导现象的涌现。例如，私人企业部门钻法律的“空子”为自己企业谋取暴利；再如，政府部门的相关执行人员的贪污纳税等。这些无一不体现出当前我国法制化程度偏低，政策法律框架的建构不健全所导致的现实状况。为此，这就需要我们加强对相关政策、法律框架的建设，从而实现对政府职能、公民公共权力、私有企业社会责任的行为规范。另一方面，由于体育公共服务领域相关制度出现泛滥的迹象，并且在法律法规与制度之间缺乏关联性，这就导致政策法规明确性、引导性的缺失，从而无形中增加了了私人部门在公私合作制的沟通成本。面对体育市场复杂的发展环境，加之政策发挥的引导与支持，致使私人部门无法对投资回报进行理性预判，这就一定程度上增加了私人部门的投资风险，降低了私人部门的投资决心，从而影响其参与体育公共服务公私合作制的持久性。

二、各主体协同信息渠道不畅

公共体育服务所具有公益性是区别于其他领域的显著特点，在公共体育服务领域所提供的产品介于公共产品和私人产品之间。并且在公共体育服务的经营上具备非营利性的特质，其目的在于提高大众身心健康水平，同时在一定程度上促进体育消费。通过向社会提供质量优良、价格合理的体育产品，从而进一步为经济社会提供合适的发展条件，既体现在体育消费带动体育产业的发展壮大促使在就业机会上有所增加，也体现在为社会生产力的发展提供优质劳动者。最后获得社会整体效率的提升，促进社会福利的增长。

上面讲到过，体育基础设施建设是体育公共服务的主要发展领域。然而，伴随着经济社会的发展与变革，传统体育公共服务模式垄断性逐渐成为当下公共事业发展的障碍所在。一方面，体育公共设施建设受到区域垄断性的影响，在建设过程中所要面临的城市、乡村的人口密集程度、区域规划等现实因素的影响，成为区域间体育基础设施建设的天然距离隔断，进而对消费者对于体育公共服务的选择上产生影响；另一方面，公共体育服务的发展受到自然垄断性的影响。在基础体育设施建设中所提供的公共体育服务主要是通过网络系统以及系统化渠道来实现，但是体育基础设施建设耗资大、回报周期长、资金占用时间久、系统性强等特征显著，难以实现在网络和各渠道之间兼容并蓄，这也在一定程度上体现出公共体育服务的自然垄断性。

由于我国的体育市场长期处于体制内，这也一定程度导致了我国体育市场化基础薄弱的情况。大众在日常生活中对于体育的需求呈现出市场化、急需化，但是在体育公共服务中存在产品规划欠妥、制度失灵等问题阻碍体育市场的发展。不仅体现在公共服务所提供的产品定价上难以让大众接受，导致在利润回报方面难以吸引投资者注资，而且在面临经济活动的纠纷与问题时，采用政府介入的方式来解决问题，但是政府作为公共体育服务公司合作的一分子，是公共事业的参与者、合作者。因此，在问题解决上需要兼顾社会资本企业的利益，努力实现双赢。这就对政府和市场两者关系提出要求，迫切需要二者共同参与形成多元化供给格局。换句话说，将 PPP 模式导入体育公共服务领域，是转变政府职能并创新公共文化服务供给渠道的关键。可见，对体育公共服务进行市场化改革成为当下发展的主流趋势。

三、各主体协同动力不足

意愿作为在人对事物的不同看法下产生的个人的主观性思维，对事物的发展和运行起到重要作用。在公共体育服务建设中政府、社会资源、公众的协同意愿对于该领域公私合作制的发展具有重要的引导作用。然而,当前在公共体育服务公私合作项目的中,各主体不仅对于自身在项目经营环节中所肩负的任务存在定位模糊的问题,而且在各主体协同合作过程中缺少一致的发展目标,并表现出协同意愿不强的现象,这就严重阻碍公共体育服务 PPP 项目的发展与推进,制约公共体育服务领域的建设速度。根据相关数据显示,截至 2018 年 9 月底,财政部 PPP 中心项目管理库中体育 PPP 项目在数量与金额方面,体育 PPP 项目数量为 106 个,总投资金额达 870.6 亿元;回报机制方面,体育 PPP 项目全靠政府财政补贴,大部分项目不具备营业收入;落地率方面,全国全行业 PPP 项目平均落地为 51.96%,106 个体育 PPP 项目中,只有 47 个项目处于执行阶段,其他项目尚处于准备及采购阶段,项目落地率为 44.34%,与全国平均水平相距较远。

与此同时,健全的协同发展机制也是影响公共体育服务公私合作模式中多元主体协同良好发展形势产生的关键所在。健全的协同发展机制应具备多种保障机制,以来保证各主体间的协同合作运行。例如,风险运行机制、市场监督机制等。但是当前在我国公共体育服务公私合作模式中由于相关法律法规的不完备、各类运行机制不健全,这就一定程度上造成了公共体育服务公私合作项目中各主体对自身职能、责任的认识模糊,从而造成不能够有效协调各主体行为。

一方面,各主体间利益协调保障机制缺失,这就在某种程度导致各主体间利益的冲突发生。由于政府和私人部门在公共体育服务公私合作项目中的利益取向的不同,政府作为国家行政部门更加注重项目公益性,通过营造良好的公共体育服务环境,提升城市形象,塑造良好的城市声誉,进而为城市的发展建设提供收益。而私人部门作为社会组织群体,其参加公共体育服务建设项目与政府则不仅是为了谋取比参与其他领域的投资建设相比更大的经济效益，也为了进一步提升所在企业的知名度、社会认可度，从而拓宽企业在体育市场的发展领域。可见，政府和私人部门在利益追求的侧重点截然不同。由于私人部门的盈利性以及收益的预期性，在各主体利益协调机制的缺失的状况下，这会在某程度上造成公私合作项目中政府和私人部门之间利益博弈的现象的发生，产生利益分歧的问题，致使公共体育服务发展的缓慢。

另一方面，风险分担机制的不健全，使政府、私人部门、公众在面临项目延期以及收益风险时在责任、风险分配上产生歧义。政府、私人部门作为公共体育服务公私合作项目中的主要风险承担者，他们不仅需要在公共体育服务中承担各自所在领域的风险成本，而且还需要承担合作中的共同风险责任，而公众作为公共体育服务的主体，其所承担的风险只是象征性的，受外界等各种政策、经济等环境变化的影响较少。因此，政府和企业部门才是公共体育服务公私合作项目发展中风险的主要承担者。但是当下的风险分担机制对于政府、私人部门在项目运行过程的安全风险、项目发展过程中的决策风险以及其他不可预料的风险未能找到合理的方式、比例加以分配，从而进一步影响发展的持续性、长久性。上面讲到过，公共体育服务公私合作模式具有建设周期性强、规模相对大的发展特性，因此在建设过程中必然会面临复杂多样的风险，从而导致民间资本不愿涉足的现象出现。可以说，风险分担机制的缺失，势必不利于公私合作过程中各主体之间信任关系的确立，最终影响社会资本参与公共体育服务项目的积极性，从而制约我国公私合作制在公共体育服务领域的推进发展。

四、各主体供给矛盾尖锐

2021 年 8 月，国家体育总局发布《关于认真贯彻落实〈全民健身计划(2021—2025 年)〉》的通知，这一决策的实施，在群众体育领域掀起了全民健身的热潮,并在国家、政府、社会的努力推动下迎来了体育公共服务发展的新春天。然而,当下全民健身公共服务还无法有效满足人民群众美好生活方面的需要。以政府为主导的公共体育服务供给模式在一定程度上导致公共体育在供需矛盾以及供给水平的低效率的出现。一方面,伴随我国体育事业的发展,政府在整体规划中偏向政治方向,将发展重心放到能够为国争光彰显大国实力的竞技体育中,反而对于群众体育领域见效慢的公共体育服务的建设关注不足,从而导致大众体育活动场所匮乏,难以满足当下大众日益增长的公共体育需求。另一方面,政府在对公共体育场馆、基础设施等公共区域的监督管理过程中的制度安排和约束机制缺少合理性、有效性,从而导致在有限的体育供给中出现公共体育资源浪费现象的发生,造成公共体育服务质量的停滞不前。可以说,只有在体育公共服务公私合作制中解决资源供给与现实需求之间的矛盾,才能够促进体育公共服务质量的提升。

伴随着在全民健身背景下公共体育服务需求的增长,在公私合作制中的体育公共服务建设出现政策利益分配上向私人企业群体倾斜的现象,因为企业部门会在其经济活动中知晓其当下的需求,并依据其对利润的敏感性特征从政府管控中为其想要获得的利润付诸一定具有针对性行动。消费者群体由于是由一个个社会个体构成,这就导致其相较于私人企业群体缺乏集体意识,且对于政府管控政策上的判断缺乏专业性,因此,政府管控政策所产生的影响无法发挥集体应对的力量,从而在个人利益的争取上缺乏一定力度。因此,我们需要更加注重公众利益的维护。

第四节 体育公共服务公私合作的影响因素

因素作为构成事物的基本单位,同样也是影响事物发展的最基本单位,倘若在事物的整体中任一因素发生变化,都会影响事物整体的存在与发展。放在公私合作评价体系构建中也是如此。经济学领域的 PPP 模式作为体育公共服务的发展体系,在其发展运行中受当下社会中多个因素的影响,涉及范围较广。择其要点,主要集中在以下几个方面:

一、外部因素

(一)政府政策和法规

政府的政策取向和支持程度往往直接影响合作的发展,现阶段,由于政策和法规的不完备,严重制约我国 PPP 模式的发展,同时对我国体育公共服务领域公私合作模式的发展产生影响。基于此现象我们应积极借鉴西方国家 PPP 市场的发展成功经验,拓宽我国对于 PPP 市场的发展思路,并通过出台相关政策法律文件对政府职能、公民公共权力、私有企业社会责任进行行为规范,以来实现体育公共服务项目公私合作的长期性发展。政府通过激励措施、合同法规、税收政策等手段来鼓励或限制私营部门的参与,在大胆实践中完善 PPP 模式的制度建设,在对体育公共服务项目的评估、市场准入、风险分担、生命周期各阶段流程运作方式等方面,政府需通过政策法规的出台使各发展步骤做到明确清晰,尽可能地减低政府与社会资本投资双方的合作风险。并通过完善项目争端解决机制,完善绩效评价尤其是社会效益指标,规范体育公共服务公私合作项目的实际运作,使其朝着健康的方向发展前进。

体育公共服务的发展始终坚持以为人民提供公共服务为核心,并且在公共基础设施的建设上秉承着以提升大众身心健康发展作为终极目标。可见,体育公共服务项目的发展始终坚持人的主体地位。因此,在政策、法律的顶层设计上凸显出人治性以及法制性。但是纵然有政策法律作为发展指向,但是在体育公共设施建设过程中仍面临职权划分不清、风险承担等问题窘境,加上我国由于 PPP 模式发展较晚,目前尚无成立专门的PPP模式管理机构,在体育公共服务领域PPP模式的开展相对艰难,这就需要良好的政策以及法律法规来做支撑,一方面,政策法律所具有的权威性,在面对体育公共服务中的社会冲突与矛盾上具有显性作用,能够较好的解决其中所出现的问题。另一方面,良好且合理的政策法律具有宣传性,不仅受到人民的拥戴和支持,而且对与体育公共设施建设也起到非常重要的推动作用,明确各部门在体育公共服务建设中所应履行的权利与义务,进而起到预防社会矛盾与冲突的作用。良好的政策依靠法律来实施,法律以政策为指导,二者之间相互依赖、相互促进、相互制约,为体育公共服务公私合作的发展提供政策依据。

(二)财政状况和资金可用性

政府的财政状况对体育公共服务的资金支持至关重要,有限的财政资源导致政府需要依赖私营部门的投资和资源向社会提供公共体育服务。同时私营部门的投入也受到经济状况和市场条件的影响,在社会经济繁盛期,私营部门等社会力量积极加入体育公共服务公私合作中,提供更广泛、更高质量的体育服务,以满足社会的体育需求,促进社会的健康和活力。在经济萧条期,私营部门首先考虑的是自身流动资金的可用性,在保证自身企业得以正常运营的前提下,与政府建立长期的合作模式,从体育公共服务中获取收益,缓解企业的财政压力。并且私营部门的商业兴趣也是影响体育公共服务公私合作模式运营的重要因素,就如私营部门是否能够看到体育领域的商业机会这对能否开展公私合作有着重要影响,因为只有私营部门认为他们能够从体育项目中获得令其满意的盈利收入或品牌形象,他们才更有可能加入合作。

(三)社会需求和参与度

社会对体育服务的需求和参与率直接影响体育公共服务的性质、规模和效果。首先,社会需求反映了人们对体育服务的实际需求,对于政府和其他相关组织调整体育服务类型和体育服务内容至关重要,以便更好满足人民日益增长的体育需求，提高人民生活质量。其次，影响社会体育资源的分配，当社会对某项体育服务表现出高度关注时，政府或其他组织可能会投入更多的资金和资源来支持这项服务，促进体育公共服务公私合作体系的长期运营。最后，影响政府的政策制定和规划决策，政府很多时候会更加优先考虑那些在社会中具有广泛关注的体育项目，以确保政策能够反映公众的意愿，满足公众实际需求。

（四）文化和价值观

文化和价值观在体育公共服务的多个方面发挥着重要作用，它可以在多个方面影响政府和私营部门在体育公私合作的实施。在决策和政策制定上，不同文化和价值观影响政府是否愿意支持特定的体育项目或组织，以及它们如何分配资源和制定法规。就比如，一方面可能更加重视体育的社会凝聚力和健康价值，而另一方面可能更加强调体育的商业化和竞技性质。在参与度和支持上，文化和价值观影响人们对体育公共服务的参与和支持程度，在某些文化中，体育被视为社会活动的重要组成部分，人们更愿意积极参与体育活动，然而在其他文化中，体育可能不如其他活动受到重视，导致较低的参与率。在伦理和道德上，文化和价值观影响着政府和私营部门在公私合作中的伦理和道德标准，强调公平竞争、尊重和公共利益，要求合作伙伴遵循高道德标准，一同维护公私合作的持续、稳定、健康发展。

二、内部因素

（一）市场主体间的沟通

由于体育公共基础设施具有公益性、营利性的双重属性，所以在体育市场的管理与经营上面临许多问题。例如，建设周期时间长面临经济困难、公共基础设施的日常维护开销大、管理体制失灵等问题。这就需要我们对体育公共服务进行市场化改革，向多元化的经营策略发展成为当下体育市场改革的趋势。自从公私合作模式在体育公共服务领域应用而来，在其对融资渠道的多元化管理以及在促进体育公共服务的提高上的效果颇为显著，一定程度上缓解了在体育管理和经营策略上的问题，不仅在国际领域得到了认可，而且还掀起了一波效仿的热潮。

体育市场化改革的发展趋势走向，对体育市场的发展产生一定的影响，传统体育公共服务的垄断性制约当下体育公共服务 PPP 模式的发展，这就需要我们对体育市场进行进一步改革，为此这就促进了在原有垄断性的基础上形成垄断竞争的市场结构，进而对体育公共基础设施建设产生积极影响。从体育经济学发展的视角来看待垄断竞争的市场结构，会发现在体育公共服务公私合作中形成该格局在发展过程中会是一种较优的选择，并且对体育消费市场产生起到积极的推进作用。一方面，这种市场发展结构的形成往往更多的象征者体育消费市场集中度的提升，是一种正向发展的好态势；另一方面，也象征着体育公共服务质量更上一层台阶，能够进一步刺激大众进行体育消费的欲望，进而激发体育产业的活力。可见，垄断竞争市场结构的发展在我国体育公共服务领域建设发展的意义重大，为此政府在体育服务领域中引入公私合作模式的同时，也要重视垄断竞争市场结构在全国范围内的形成。一则，垄断竞争市场结构的形成有利于控制私人企业进入体育消费市场的标准，一定程度上抑制了部分同质化、低度化的新企业的进入。二则，有利于对实力超群、资源丰富的大型企业的集中，进而形成大型的垄断企业，促进 PPP 项目的进一步增长。

在对西方体育公共服务 PPP 市场发展成功的经验研究中我们不难发现，体育公共服务市场的本质在于合作而非简单的市场竞争，并且在体育产业中优质体育资源的分布上往往都具有垄断性质。因此，这一定程度上衍生了体育市场的差异化竞争，使其成为影响体育公共服务公私合作的重要因素。具体而言，市场中的差异化竞争行为主要对以下三个方面产生影响:第一,激发体育公共服务领域公私合作项目中企业品牌文化的建设,影响企业的发展战略,使其向已经占据垄断席位的体育品牌企业发展靠拢,促进其发展。第二,有利于满足大众市场化的体育需求,发掘中国体育消费市场所蕴含的巨大商业价值以及潜在的巨大机会,进而扩大市场发展规模。第三,有助于实现在面对市场经济纠纷时解决方式从先前政府介入的手段向运用经济、法律手段的转变,实现体育消费市场健康发展。总之,从投资领域来看,在体育公共服务公私合作中要带给消费者不一样的参与体验,因此,需要在体育公共服务领域打开体育市场,从而使其进行差异化发展。从经营的角度来看,在体育公共服务 PPP 项目的建设中既要重视有形价值的发展也要注重品牌文化这种无形价值的运用与发展,进而最终实现经济效益的提升。

因此,为了保证公共体育服务公私合作中各参与主体能够及时、通畅地获取相关信息,这就需要我们依据当下互联网、大数据等现代化大数据平台网络传播的便捷性、交互性、实时性,根据当下各主体之间协同信息交流不畅的问题构建一个覆盖体育公共服务项目本身、政府以及私人企业部门在内的信息共享平台,以来满足公共体育服务各主体协同合作的需求。政府在整个信息沟通过程中发挥着主导作用。具体而言:第一,有政府带头。定期发布与体育公共服务公私合作的立项信息、流程信息以及为社会资本提供项目咨询服务相关信息等,尽可能地提高项目信息的透明性、公平性。第二,社会资本信息公开意识的提升。在政府督促下,社会资本将公司在公共体育服务领域经营情况、项目进度情况、项目质量信息、合同条款信息等公布到大众视野,进而实现促进社会资本运行效率提高的目的。第三,多方交流平台的建立。为各主体提供协同交流的平台,对政府、社会资本以及大众的问题进行共同讨论并给予解答,从而增进主体间信息的沟通交流。

(二)合作中相互信任关系的建立

公私合作伙伴关系的建立以政治、经济、法律环境为基础,政府和社会资本为了实现共同目标而共同参与一些复杂化、民营化的体育公共基础设施建设项目。在建设过程中双方以合作的关系存在,公私部门通过合作来提供公共产品和服务,而合作是以共享收益与共担风险为基础的。为此在这种合作运行模式之下,私人部门在经营环节中承担项目资金和社会资源的提供者,并与政府沟通交流后项目长期发展规划中管理经营的合理分配,政府作为公共事业的发起者、监督者,创造可供项目发展运行的相关基础环境条件,并且以合作者的身份参与至其中,在项目的整体运行中发挥重要引领作用,并对发展过程起到关键的监督作用。一方面,政府通过多元渠道对民间资本进行控流,吸引社会资本投入到体育公共基础设施建设中去,缓解建设过程中的资金压力,确保项目的可持续性运营;另一方面,对社会资金的使用效率进行监督管理,通过权力共享,对经营环节进行合理的划分,实现政府和私人企业在公私合作伙伴关系中风险的共担,缓解政府的风险压力。

公私部门的互信程度关乎这体育公共服务项目的成败与否。扎根于西方国家的合作共赢观念是公私合作模式能够在其国家盛行的原因之一,我国社会的发展深受儒家传统文化思想的熏染,在儒家思想背景影响下的社会形态历来强调“秩序”在发展中的重要性,以等级关系为架构的社会组织形态沿用至今,这也正是如今社会等级制度观念以及政府自上而下决策体制形成的根源。可以说,受历史儒家传统思想的教化所形成的政治形态,潜移默化地影响现代人在心理层面上对政府在公私合作关系中主导地位的认知,纵然实际并不是其认为的,但是也无法避免其受思想观念的熏染进而影响认知。

在这样的政治形态下,政府应对其自身的角色进行转变。具体而言:第一,政府应该放弃其在体育公共服务公私合作模式中的管理者思维,减少对项目运行的行政约束，通过宣传治理理念，将社会资本引入管理，利用社会力量对体育公共服务事业进行建设。第二，政府应确保实现公共利益的最大化。社会的发展与进步是体育公共服务公私合作的出发点和立足点，公共利益的受益者是全社会而不是私人化和小集团化，因此要遏制生产性的牟利活动，确保各方利益的合理分配。第三，政府对体育基础设施建设项目的发展进行全过程监管与追踪，通过与私人企业的沟通交流，对项目的发展做出合理的中长期发展规划，并对于过程的发展及时进行引导、服务与监督，确保最终共赢的结果实现。总的来说，政府对自身角色的转变对于公私部门合作中互信关系的确立具有关键作用。

与此同时，信任关系的建立不仅需要获得双方利益关系的相互尊重，而且还需要具有制度化保证的政治支持。也就是说，在公私合作关系确立之后，政府等公共部门在处理运行过程中的问题与挑战时，应在保证积极参与的同时，秉承着公平、公正、公开、透明的原则去处理面临的阻碍，避免逃避责任，主动承担风险。可见，公私合作的成功开展少不了给予制度化保证的政治支持，因为在其概念及实践获得政治认同的前提下，才可能推动公私部门之间的良好合作。

(三)公众利益的维护

消费者容易受到政策、经济、环境以及自身等多方面因素的影响，在体育公共服务领域消费者仍处于弱势地位。为此，公民利益的维护成为体育公共服务公私合作能否持续性发展的影响因素之一。在公私合作模式中，政府部门通过授权与私人部门进行权力共享，将公共资源转让给私人部门让其代为履行职责权力。这就需要政府部门对私人部门的管理经营进行及时的监管，因为私人部门的发展很多时候是把自身企业的发展放置第一要位，为此私人部门在向社会提供公共产品的过程中可能会过度重视经济效益，从而一定程度上对公共利益产生不利影响。为此这就需要对其进行干预。从公私合作制在体育公共服务领域应用而来，政府就对经济和社会的发展具有较强的干预能力,这也使得私人部门的权利行驶一直处在被政府监督管理的局面。现如今,在全民健身背景下,消费者作为体育服务的受益者,与私人部门同为利益群体,都是为了自身利益的获得,只是在体育公共服务中对政府诉求有所区别。消费者群体谋求的体育产品的实惠,寻求产品的低廉价格,而企业则是谋求体育产品的高利润,追求产品的高昂定价。可见,不同的利益群体对政府的干预需求是不同的。

总而言之,在私人部门和消费者群体之间,私人部门对于政府的管控施加的影响力相较于消费者群体来言影响较大,加之大量社会资源越过体育市场的环节,通过行政手段对资源进行运作与利用,进而使得当下我国政府权力的实施深受经济领域以及私人领域的影响。这就要求我们更要加强对消费者群体在公共服务领域利益的维护,明确政府定位,加强体育公共基础设施建设,使其个人需求得到满足,实现其自身利益的最大化,这也是公共体育服务事业改革成功的关键所在。

(四)私人部门正当权力的保护

PPP 模式的显著特点在于政府与私人参与者在特权协议的基础上进行合作,其目的在于引进社会资本实现体育公共基础设施建设,双方通过签订长期契约关系,实现对体育公共服务项目共同管理、利益共享、风险共担。因此私人部门不仅要面临经济市场风险,还要面临行政风险,这对其而言将会面临更大的风险。政府作为体育公共服务项目中监督者的角色,其在政策制定上首先是要维护政府自身的权益,依靠政策的法制化与规范化守护自身权益的同时对私人资本部分进行干预,使私人部门的投资受到一定程度的不公平对待,从而造成社会资本力量投入社会体育公共服务项目的积极性减弱。政府作为体育公共服务建设中的监督者、参与者,这就需要对政府现有管理方式的改革。概括来说,主要从以下三个方面展开:

第一,体育公共服务领域中各行业主管部门要进行职能转变。针对在体育公共服务建设过程中由于监管主体对自身地位的不明确所产生的一系列问题,加强对监管部门和主管部部门的思想教育,提高其对自身在法律层面地位的认知,明确在体育公共服务公私合作中的权利义务,进而提高改革的整体效率,保证了监管过程中的公平性、透明性、连续性以及诚信性。

第二,监管方式讲究科学规范。主要从程序和效果两方面展开,通过严格履行监管程序,不断创新监管手段,提高监管人员素质水平,注重监管的实际效果,不再是之前只注重形式而忽略效果的形式化监管模式。并通过反馈机制对监管效果进行评价,及时对监管程序进行改进,保证监管的实效,进而使市场环境得以维护,公众利益、私人部门的正当权益得以保障。

第三,中介管理组织行为需进行规范。中介管理组织在体育公共服务中扮演着“捡漏者”角色,主要是对监管主体在专业性、程序性以及人员上的不足进行弥补与完善。但是在其权力的行使上要进行规范,避免权力滥用的现象出现影响监管程序整体的运行。

可以说,对私人部门的正当权益进行保护对于正处于公私合作发展初期的我国来说,具有非常重要的意义,是体育公共服务公私合作建设中的重要构成因素,它关乎着整体的运行与发展。

(五)风险控制与合理规划

“鸟巢”项目是我国第一个运用 PPP 模式建设并运营的公共体育体育场馆。为此我们应理性看待其中的原因,加强对体育公共服务体现后期运营风险控制以及合理规划,提高 PPP 项目资源配置利用效率。第一,形成灵活、可靠的收入分配机制,增加政府和私营企业的利润收入;第二,政府加大相关配套政策支持,利用政策支持和鼓励社会资本力量参与体育公共服务设施的建设;第三,政府设立 PPP 项目资金库,减轻社会资本参与体育公共服务的投资风险,进一步增强私营企业对参与公私合营模式的信心,从而做到维持项目的运营以及公私合作体系后续的持续、稳定发展;第四,形成公平、透明的监管机制,以防政府和社会资本滥用权力造成资源浪费的不良现象,从而加强对公众利益的维护。体育场地设施存量情况、人口结构、区位布局等要素是规划的决策基础,为此要想令体育公共服务能够在之后获得长期稳定发展,在规划决策时就应具有前瞻性。

第四章 体育公共服务公私合作评价指标体系构建原则与逻辑

体育公共服务作为一种公共服务，既有公共性本质，又具有竞争性特征，属于准公共物品。在构建体育公共服务公私合作评价体系时，要围绕“准公共物品”这一特性来进行。

实施评价并不是目的本身，而是作为一种手段或工具，我们不是为了评价而评价，而是希望借助评价达到某种目的。由此，评价框架的设计应该以解决问题为导向，遵循系统性、灵活性和可行性等指导思想。首先，构建体育公共服务公私合作评价框架时要紧密围绕可能影响部门整体支出绩效的问题和影响因素，尽可能地通过该评价框架解决这些问题。评价框架的建立是为了解决部门整体支出中存在的问题为出发点，以提高部门财政资金的使用效益和提升员工的工作积极性和效率，实现财政资金使用的效益最大化。其次，部门整体支出绩效评价框架需要遵循一种合理的逻辑解释，既具有系统性又具备一定程度的灵活性，并不是把所有评估维度进行机械的简单拼凑。也就是说，各个子评价模块既能够组成一个科学完整的系统，又具有不同的功能且可以相对独立存在。当评价时间、经费充裕时可以开展整个系统的评价，而当评价经费、时间欠缺时，则可以单独对个别评价模块进行评价。评价框架的设计虽然要尽可能全面地反映影响部门整体支出绩效的因素，但评价只是一种手段，实际上不可能解决全部的问题。因为评价只是一种解决问题的手段，有些问题并不是通过实施绩效评价就能够得到有效解决。

因此,在构建评价框架时,首先需要考虑的是通过某个或某几个评价模块解决原因层面的问题,在评价无法解决这一层面的问题时,再考虑利用其他子评价模块解决更深层次的问题。总之,部门整体支出绩效评价框架要具有可操作性,评价框架的每一个子模块都尽可能地解决某个问题,各个子模块之间既相互独立,又共同构成一个完整的有机体。部门整体支出绩效评价框架需要有利于部门财政资金的效益最大化,也有利于促进部门员工职责的履行。

第一节　体育公共服务公私合作评价指标体系构建原则

构建体育公共服务公私合作评价指标体系时,须考虑以下原则:

一、目的性原则

无目的不评价。一个好的评价指标体系其指标特征不仅能反映评价对象当前的特征,还应对评价客体的发展有导向作用。所以在选择实施评价指标之前必须明确目的和目标并挑选关键指标。此评价体系的目的是对体育公共服务质量进行公正、科学的评估,以此作为相关政府部门的决策工具,实现公私合作的全面改善。

二、系统全面性与具体代表性相结合原则

体育公共服务公私合作是有政府、机构企业还有参与群众等要素所组成的复杂系统。评价指标体系的构建应全面反映评估对象,所要考虑的维度要尽可能多、全面能够从整体系统出发把握体育公共服务公私合

作的发展水平。例如,职能与价值方面要素三方各不相同在评价指标中都应有所反映。同时,在众多评价指标中要选取有代表性的能够凸显发展过程中的主要矛盾及重难点内容的指标。只有坚持系统性和代表性相结合原则才能简明扼要、主次分明地把握整体、聚焦问题。

三、科学性与可操作性相结合原则

指标体系的科学性主要指以下五方面:第一,特征性:指标应能反映评价对象的特征。第二,准确一致性:指标的概念要正确、含义要清晰,尽可能避免或减少主观判断。指标体系内部各指标之间应协调统一指标的层次和结构合理。第三,独立性:指标之间不应有很强的相关性不应出现过多的信息包容、涵盖而使指标内涵重叠。要在指标分类的基础上从每一类具有相近性质的多个指标中选取典型敏感指标或得出一个综合性指标。第四,灵敏性:即区别力好同一指标在考核不同评价单元服务质量时要有一定的波动范围以体现各评价单元的区别。可通过专家评估法和变异系数(CV)法等比较指标的灵敏性。第五,可比性:即应克服其他干扰因素的影响。指标既要受到实质性科学的指导符合实质性科学的各个具体范畴的含义,又要符合实际便于实际操作能够为实际的公私合作提供指导和改进的方向。

四、定量指标和定性指标结合使用原则

在确定评价指标时应尽可能采用定量指标便于模型的建立更有助于客观准确地判断减少主观因素易产生的偏离。然而定量并非适合所有工作,它局限于可以量化的工作指标,如群众参与体育公共服务的满意度等都难以量化,因此在评价体系中还包含有定性指标。但在调查统计中应将定性指标尽量数值化,例如,将“公共体育设施的组织与管理”在问卷中改为“有无体验公共体育设施”;将“是否满意”5 级分成“很不满意”

"不满意""一般""比较满意""非常满意";以10分为满分对认同程度打分等。定性描述与定量分析相统一能使评价工作更准确地反映现状。对于定量指标要使数据资料收集方便、计算简单、易于掌握,对于定性指标含义要明确从而易于做出判断。在满足评估目的的前提下应尽可能采用相对成熟和公认的指标与国内外相关方面的工作相衔接以便于评估结果的比较和应用。如本研究中的满意度指标和反应性指标等都是国内公共服务领域公认的。

五、绝对量指标和相对量指标结合使用

绝对量指标反映总量及规模水平,如体育公共服务设施的场地大小、健身器材的种类及数量、参与体育服务人数等;相对量指标是两个相互联系现象数量的比率,用以反映现象的发展程度、结构、强度、普遍程度或比例关系,用于揭示事物内部联系和现象间的对比关系,使指标更具可比性。如专项投入增长幅度比(每年对体育公共服务的专项投入增加幅度/同期同级政府体育公告服务费用的增长幅度),人均体育服务场地面积(公共体育场地面积/同一时期参与运动的人数)。绝对量与相对量相结合能更准确、公正地评价体育公共服务的状况。

第二节　体育公共服务公私合作评价指标体系构建思路

体育公共服务公私合作评价指标体系构建在于是以体育公共服务结果为导向,以提高公私合作的效率、管理水平和服务质量为手段,进而实现体育公共服务公私合作的可持续、高质化、高效化、公平性等目标的管理过程。构建评价体系要注重两个方面:一方面要围绕评价要素角度去

构建体育公共服务公私合作评价指标体系,主体要素包括政府单位、机构企业、群众;另一方面是注意体育公共服务公私合作的过程内容去进行构建。

一、体育公共服务要素

(一)体育公共服务的属性和功能

不同的项目采用PPP模式都有不同的特点,不同的PPP项目参与主体之间的利益目标是不同的,因此,通过分析大型体育场馆的服务功能和属性,才能具体分析这类项目PPP合作主体的利益目标和合作的契合点。

1. 基本属性

采用PPP模式的公私合作进行运营管理的体育公共服务公益性和经营性是其两种基本属性。

(1)公益性

体育公共服务的公益性指的是体育活动和体育资源在社会中提供公益性服务的特征和作用。经济学解释是非营利性,指社会团体、组织或个人不以营利为目的所从事的活动;法理角度是具有客观性和社会共享性,即无论人们之间的利益关系如何,公益性都是客观存在的,并且不是特定或局部人的利益,是社会全体成员共享和参与的,即公平性。它强调体育作为一种公共资源,应当为社会的整体利益和群众的身体健康、精神愉悦做出积极的贡献。以下是对体育公共服务公益性的详细阐述:

促进健康与健全发展:体育公共服务的公益性体现在其对个体和社会的健康与健全发展的积极影响。体育活动提供了锻炼身体的机会,可以预防和减少慢性疾病,促进心理健康,增强身体素质。通过体育活动,个体可以获得身体上的益处,提高工作和学习的效率,从而为社会作出更多的贡献。

提供社会融合与纽带:体育公共服务在促进社会融合和建设社会纽带方面发挥了重要作用。体育活动具有普惠性和包容性,能够吸引和团结来自不同背景、不同社会群体的个体参与。在团队运动、集体竞技和体育赛事中,人们可以超越种族、阶层和地域的界限,增进友谊,团结和互信,推动社会和谐发展。

培养品德与价值观念:体育公共服务通过体育教育和竞技活动,培养个体的品德和培养积极的价值观念,如团队合作、公平竞争、尊重规则和合作精神。体育活动提供了一个培养道德和伦理意识的场所,通过规则和纪律的约束,培养个体的自律、责任感和公民意识,促进社会公德的形成和发展。

提供教育与社区发展机会:体育公共服务在教育和社区发展中具有重要作用。通过学校体育课程和课外体育活动,个体可以获得全面的教育,促进智力、情感和体能的发展。此外,体育公共服务还可以通过建立体育设施、举办培训和教练员指导等方式,提供社区发展的机会,促进社区凝聚力和发展。

推动社会公平与包容:体育公共服务应当追求公平和包容。它应该提供给所有人平等的参与机会,不论个体的经济条件、社会地位、性别、身体状况等不同。体育公共服务的公益性体现在通过提供平等的机会,帮助个体实现自我价值和发展潜力,促进社会公平和包容。

(2)经营性

经营性是指产品或服务能够进入市场进行买卖的潜力和可能性。从经济学角度来看,资产本身就具有经营的属性。资产的管理由于目的的不同,可以分为经营性管理和非经营性管理等多种管理方式,根据其自身资产所具备的经济属性进行经营性管理,从而实现“保值增值”。

体育公共服务的经营性特征指的是在提供公益性体育服务的同时,运营方需要考虑成本、效益和市场需求等经营层面的因素。主要体现在以下方面：一是市场需求导向。体育公共服务的经营性特征要求运营方在提供服务时重视市场需求，运营机构需要了解和分析用户的需求和偏好，根据市场需求开展市场调研和定位，确保提供的体育服务符合用户的期望，以吸引更多的用户参与。二是经济效益追求。体育公共服务在提供公益性服务的同时，也需要关注经济效益。运营机构需要考虑成本控制、收入增长等经济因素，确保服务的可持续性和运营的健康发展。通过有效的财务管理、市场定价策略和收支平衡，实现经济效益的最大化，以保证长期的服务提供。三是运营商业化。体育公共服务的经营性特征要求运营方将运营模式商业化，借鉴商业运营的策略和方法。这包括制订市场营销计划、开发品牌形象、进行市场推广、提供增值服务等，以提升服务的竞争力和吸引力。四是多元化经营。为实现经营性特征，体育公共服务运营方通常会采取多元化经营策略。这包括提供不同类型的体育项目和活动，满足不同群体的需求，拓宽服务领域，增加收入来源。同时，还可以将体育服务与其他相关产业结合，例如，体育用品销售、体育旅游等，进一步提高经济效益。五是建立合理的定价机制。体育公共服务的经营性特征需要运营方建立合理的定价机制。定价应考虑运营成本、市场需求、竞争情况等因素，确保价格对用户具有吸引力，同时能够覆盖运营成本并获得合理的利润。合理的定价机制可以实现经济效益和社会效益的平衡。

(3)公益性和经营性的关系

从理论层面来看，公共体育服务的公益性是由其公共产品属性决定，服务及产品要以政府作为投资主体，并且服务对象为社会公众，因而公益性是其社会属性；同时，公共服务机构可能拥有一些物质资产，如建筑物、设备、车辆等，以支持服务的提供。这些资产的存在是为了更好地实施公共服务，而不是作为盈利的手段。这些资产通常被视为公共部门的资产，用于公共服务的目的，并受到相关的法律和规定的管理和监管。支撑公共体育服务实施过程不可避免伴有具有资产性质,既然是资产,就需要保值和增值,其保值和增值是通过经营过程实现,经营性是体育服务的经济属性。体育公共服务的双重属性决定了公益性和经营性并存的可能性。

虽然,公益性和经营性可以同时存在,但是两者之间的关系具有辩证性。一方面,公益性旨在非赢利,而经营性则注重经济效益的实现,很大限度上在于获利。所以,体育场馆过度的经营会削弱公益性,而只注重公益性则经营性得不到体现。另一方面,公益性与经营性具有统一性,公益性的实现是以物质基础作为前提的。我国大部分体育场馆的运营资金来源有三种方式:政府全额拨款、政府差额补贴和自收自支。无论是全额拨款还是差额补贴,依靠政府的财政进行体育公共服务的维护与运转都是难以满足可持续发展的。发挥场馆的经营性属性,只有通过良好的经营管理才能达到,提升资产水平,减少管理成本,进行多元化的经营,这是当前体育公共服务进行市场深化改革的要求,同时有助于增进公益性。并且,在公益性提升的过程中又会促进经营性的开展,形成相互促进的关系。因此,保证公益性的基础上实现其经营性是目前我国体育公共服务PPP 项目成功运作的核心。

2. 服务功能

国家体育场(鸟巢)是国内应用 PPP 模式的典型代表。国家体育场是地处北京市奥运公园中心区南部的一座大型体育场所,于 2008 年 6 月建成投入使用,曾作为第 29 届奥运会的主体育场,承担北京奥运会与残奥会开闭幕式、田径比赛、足球决赛等功能。项目主体是“鸟巢”,占地 21 万平方米,建筑面积 25.8 万平方米,赛事期间坐席量为 9.1 万座(其中永久坐席 8 万座)。现为北京市著名的体育建筑及奥运遗产,是市内最大且具备国际先进水平的多功能体育场,赛后定位为集文化体育、健身、休闲娱乐、旅游展览、购物和餐饮为一体的特大型综合体育场,可举办国内外特殊比赛(如世界田径和足球比赛等)、各种常规赛事(如亚运会、洲际综合性比赛、全国运动会、青少年运动会等)、多元化综合性服务(如文艺演出、政府非商业性活动、企业团体活动、商业展示会、会展、旅游和餐饮等)和社会公益活动等。由该 PPP 项目可窥得体育公共服务公私合作的服务性。

(1)体育赛事服务

为承办或举办大型或地方性体育竞赛活动提供场地设施和服务。主要是国家或国家单项体育等权威组织主办的赛事活动,国家、地区、城市承办的赛事活动或地区某一单项体育运动竞赛活动等。

(2)公众体育活动服务

为区域范围内的社会群众提供日常的体育活动服务,这是体育场馆的基本功能,促进实现全民健身计划。包括针对不同年龄段不同消费群体提供场馆的体育消费信息,进行场馆不同程度的开放以吸引群众锻炼的积极性,同时可以以大型体育场馆为中心进行国民体质监测,将监测数据向社会反映,推广体育锻炼的科学知识。

(3)体育训练服务

为区域范围内的运动员、运动队提供专业训练的场馆和设施,保障专业训练的进行。

(4)体育文化服务

主要是基于大型体育场馆的场地设施条件,开展文艺演出和汇演、各种艺术文化展览和会展,如在“水立方”举行“星跳水立方”节目等。

(5)体育休闲服务

为开展体育活动提供配套的服务,包括旅游、摄影、餐饮、购物、住宿、豪华包厢、停车等,为群众参与体育活动便利条件,同时健全和丰富场馆的功能形态。

(6)体育商业服务

以大型体育场馆作为物质载体,举办商业文艺演出,在举办赛事或活动过程中的体育场馆商业广告、赛事或活动的电视转播,以及基于大型体育场馆的冠名宣传,或者将体育场地进行对外临时租赁,用于企业商品或服务宣传、推广、销售,还有一些商务用途等。

(7)体育培训服务

基于大型体育场馆的体育设施环境和学习环境,开展各种体育运动培训服务,吸引体育服务消费和促进群众体育锻炼的开展,如开办跆拳道、游泳、网球等体育项目培训班。

(8)体育组织服务

为地域范围内的各级行政、事业、机构单位提供开展与各单位职能相关的社会活动,如消防武警部门进行训练、就业部门开展大型人才交流招聘活动等。

(9)应急避难服务

大型体育场馆具有高稳定性、显著的地理位置、易识别的建筑特征等特点,是进行紧急避难的重要基础条件,如5・12地震中绵阳九州体育馆提供的避难服务和灾后救济是十分必要的。

在以上九项服务功能中,应急避难服务是紧急状况下实现的,故不在本研究涉及范围之内。

(二)公共部门

公共部门是对于政府及各行政职能部门统称的一个概念,大型体育场馆项目运营过程中的公共部门主要包括各级政府主体及有关的行政职能部门,主要包括:各级地方人民政府、国资委、财政部门(财政厅或财政局)、工商局、税务局、审计部门(审计厅或审计局)、物价局、体育局等。

1.整体利益需求

公共部门作为社会公众的代理人、公共利益的代言人,对于公共体育服务项目运营公益性的利益需求具体表现是什么呢?通过公共部门近年对于群众体育有关的政策文件内容的解读和总结,借助罗斯威尔(Roy

Rothwell)和泽赫菲尔德(Walter Zegveld)建立的政策工具分类方法,将政策工具划分为以下三方面。第一,供给型政策工具包括人才培养(提供公共体育服务的指导人员或开展相关人才培训和课程)、咨询服务(即通过信息平台等方式直接提供信息宣传服务)、资金投入(提供公共体育服务发展的资金)、科技支持(政府提供相关科研资助等)、场地设施建设(即政府为公共体育服务提供器材和设施)。第二,需求型政策工具主要包括政府采购(政府通过采购的方式,推动市场及社会参与公共体育服务)、服务外包(政府通过委托的方式,与市场、社会等单位进行合作研发针对公共体育服务发展的活动项目)、海外交流(即承办国际体育比赛,进行国际交流等)、贸易管制(即设立公共体育服务相关进出口的各项管制措施,从而拉动公共体育服务发展)。第三,环境型政策工具主要包括目标规划(即政府期望公共体育服务能够实现的目标和远景规划)、法规与管制(政府制定的一系列公共体育服务的规章制度、标准等)、策略性措施(即为推进公共体育服务的计划、开展,对相关供给主体采取的措施和手段)、税收优惠(即对公共体育场地设施等进行财政扶持和税务优惠)。

2. 政府各行政部门的利益需求——基于大型体育场馆运营视角

政府各行政部门之间基于各自对大型体育场馆项目运营过程中的职能不同,在公共部门内部也存在各自不同的利益需求,通过大型体育场馆项目运营中各公共部门的职能来分析其对应的利益需求。

体育局:职能上指导公共体育设施的建设,负责对公共体育设施的监督管理,加强对体育场馆运营管理工作的监督,建立健全财政资金补贴体育场馆开放服务的长效机制和政府购买公共体育服务的具体办法,体育场馆运营目标和公共服务规范,开展运营目标考核和综合评价。利益诉求上在于提高体育场馆的服务效率,全面实现有关文件或政策中场馆公共服务的规定标准,完成依托大型体育场馆提升区域体育事业发展的目标。

国资委:职能上监督管理国有资产、承担国有资产保值增值的责任,监管国有资产产权界定、登记、划转、处置及产权纠纷调处,监督、规范国有产权交易。利益诉求上在于保证大型体育场馆资产的保值和增值,防止国有资产流失。

财政厅(局):职能上政府性投资项目的财政拨款,管理行政事业单位国有资产,制定实施统一规定的开支标准和支出标准,国有资产评估、清查有关工作,有关政策性补贴管理工作,收取国有资产的收益。利益诉求上在于大型体育场馆运营中财政资金的节约和有效利用。

税务局:职能上依据有关法律法规进行税收征收,研究制订各税、费征收管理实施办法、细则和规定。利益诉求上在于实现大型体育场馆运营中的税收征收的合理性。

工商局:职能上承担依法规范和维护各类市场经营秩序的责任,负责监督管理市场交易行为,企业经营范围的核定,指导广告业发展,负责广告活动的监督管理工作,组织指导企业商标注册信息。利益诉求上在于大型体育场馆运营过程中形成良好的经营秩序。

审计厅(局):职能上进行国有资产管理使用的专项审计调查,对大型体育场馆项目管护情况、运营成本、资金来源、场馆利用率调查核实提出审计建议。利益诉求上在于真实反映大型体育场馆运营的审计结果,提高审计质量。

物价局:职能上按照批准的定价目录和定价权限,制定政府指导价和政府定价,审定、调整列名管理的商品价格、服务价格及中介服务收费,受理价格、收费违法行为和不正当价格行为的举报、投诉;依法查处价格违法行为和违法案件,实施行政处罚。利益诉求上在于针对大型体育场馆采用 PPP 模式制订合理的服务价格条件,提高对于场馆服务价格的受众度。

综合公共部门内部各利益需求,对于体育公共服务 PPP 模式运营来说主要有以下几点:

第一,采用 PPP 模式要带来政府财政资金的节约和有效利用。

第二,保证大型体育场馆资产的保证增值,杜绝和防止场馆资产的流失。

第三,大型体育场馆的运营要满足促进体育事业发展,推进和实现体育公共服务的基本要求。

第四,保证 PPP 模式公共服务的运营秩序、运营过程的可控可监管。

(三)私人部门

1. 私人部门

私人部门是一个泛指的概念,主要包括国有企业、民营企业、外商投资企业、个人资本等,可以是一个单独的企业,也可以是联合体的形式,如国家体育场"鸟巢"项目的私人部门是中信联合体。PPP 私人部门是 PPP 大型体育场馆项目运营的投资人,负责场馆的运营管理和维护,承担一定的投资风险,同时享有获取场馆运营投资收益的权利。私人部门参与公共项目合作的最主要目的是为了实现与风险相匹配的项目经济收益,鉴于政府在公共项目领域提供的资金、政策支持,使得私人部门参与公共项目面临的宏观风险较小,取得经济效益的前景也十分可观。由此可见,私人部门参与公共项目的利益需求归根到底有三个方面:第一,一定的经济效益。第二,公共部门的政策法律支持,包括是税收优惠、财政补贴。第三,风险尽可能小。

私人部门经济效益的获取取决于体育服务的经营性的实现,在"鸟巢"项目中经营性的实现就是提升和推进场馆的服务功能,才能保证私人部门利润的来源。在大型体育场馆的服务功能中,公众体育活动服务、体育训练服务、体育组织服务作为场馆提供公共服务的职能履行,基本不具备可经营性,当然对于私人部门而言这部分服务以尽可能达到要求为主。虽然体育赛事服务作为场馆重要基本职能的履行,但是由于体育赛事的举办可以带来门票收益,同时带动场馆其他服务的消费,因此体育赛事服务是公私双方的一个共同利益需求点。最后,体育文化服务、体育休闲服务、体育培训服务、体育商业服务对于该项目而言都具有可经营性,通过充分开展这些服务功能,均可能或得较好的经济效益,尤其是体育休闲服务和体育商业服务,通过私人部门的打造升级可以获得巨大的经济利润。

2. PPP 项目公司

采用 PPP 模式运作项目,公共部门和私人部门需要合作组建 PPP 项目公司,由于 PPP 项目公司是公私双方合作实现的载体,作为场馆运营管理的主体,其利益需求就是基于公私双方的利益需求协调,明晰双方产权关系后合理清楚地配置 PPP 项目公司的权利,实现 PPP 项目公司经营管理的自主和顺畅。如图 4 所示的国家体育场公私合作关系与初始产权结构。

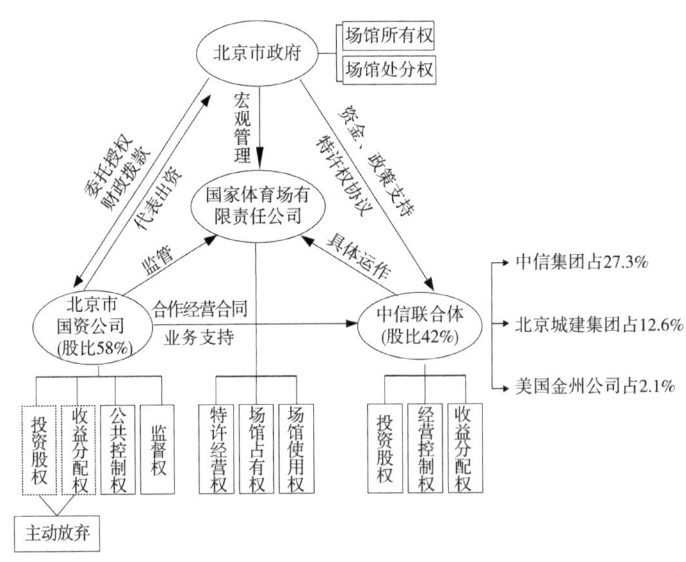

图 4 国家体育场公私合作关系与初始产权结构

2003年北京市政府通过公开招标，最终由中信集团、北京城建集团与美国金州公司组成的联合体中标。中标后，该联合体与北京市政府、奥组委、北京市国有资产经营有限责任公司分别签订了《特许权协议》《国家体育场协议》及《合作经营合同》。体育场建造总造价约34亿元，其中58%由北京国资公司代表政府投资，其余42%由中信联合体负责，并且联合体和北京国资公司组建了“国家体育场有限责任公司”。北京市政府通过协议方式授予该公司30年的特许经营权，由公司负责体育场的融资、建设和运营。建设期内，政府负责提供场地、配套设施、资金及政策支持等，奥组委负责提出场馆功能需求与赛事要求。在特许经营期内，体育场所有权和处分权属于北京市政府，北京国资公司放弃58%的股权，且30年内不参与分红，但依据合作经营合同享有监督体育场公司运作的权利（包括建设投资、体育场运营维护和修理等）、涉及公共安全和公众利益保护的控制权（如对重大事项决策的否决权）；中信联合体享有经营控制权和经营收益权。特许期满后，体育场移交给北京市政府。

（四）公众

1. 社会公众

社会公众作为纳税人根本上也是有形体育公共服务的初始产权人，其希望有关项目的资金能够完全有效地运用，真正实现公共服务的有效提供，包括场馆的开放、服务的无偿或低价提供，从这点上与作为社会公众代理人的公共部门的整体利益需求一致；同时社会公众作为场馆服务的用户、消费者，在付费的情况下能够享受优良质量和多样化的场馆服务。

社会公众对于PPP模式大型体育场馆运营的利益需求有以下几点：第一，更好的体育设施和服务。社会公众期待通过PPP模式获得更好的体育设施和服务。私营部门的参与可能带来专业化的管理和运营，提供更先进的设施和设备，改善体育场馆的维护和服务水平，提升公众体育活动的体验。第二,平等的参与机会。社会公众渴望通过 PPP 模式体育公共服务获得平等的参与机会。他们希望无论是社会经济地位、年龄、性别、能力还是其他背景,每个人都能够平等地参与体育活动,享受到体育带来的益处。第三,多样化的体育选择。社会公众对于有更多多样化的体育选择有着需求。通过 PPP 模式,私营部门可以为公众提供更多类型的体育项目和活动,满足不同人群的兴趣和需求,让大众有更多选择的机会。第四,价格合理和可接受。社会公众关注 PPP 模式下体育公共服务的价格合理性和可接受性。他们希望价格能够公平、合理,并确保大多数人能够负担得起体育活动的费用,避免因价格过高而限制了公众的参与。第五,透明和问责制度。社会公众要求 PPP 模式下的体育公共服务具备透明度和问责制度。他们希望能够了解项目的运营情况、资金使用和结果评估等信息,并能够监督相关部门和私营公司的履职情况,确保资源的合理分配和服务的质量。第六,社会效益与可持续发展。社会公众期望 PPP 模式下的体育公共服务能够产生积极的社会效益和可持续发展。他们希望这些项目能够促进社会的健康、社区的凝聚力、青少年的素质教育,并且在经济、环境和社会方面都具备可持续性。

2. 其他

金融机构、媒体、体育中介也是在 PPP 模式体育公共服务项目中会涉及的利益相关者。

(1)金融机构

金融机构的利益需求在于:第一,投资回报。金融机构在参与 PPP 模式体育公共服务项目时,主要追求的是投资回报。他们期望通过投资体育设施建设和管理运营,获得合理的财务回报,包括收益和利润。金融机构通常关注项目的可持续性、利润潜力和风险管理,以确保他们的投资能够获得可观的回报。第二,长期稳定收益流。金融机构倾向于寻求长期稳定的收益流。对于体育公共服务项目,金融机构可能通过与政府或私营合作伙伴签订长期合同或租约来确保稳定的收益源。他们希望项目能够在可预见的时间内产生稳定的现金流,并提供可靠的投资机会。第三,风险分散。金融机构在参与 PPP 模式体育公共服务项目时倾向于寻求风险分散。他们可能会分散投资于多个项目,以降低单个项目的风险。金融机构通常会对项目的可行性和风险评估进行严格的审查,以确保项目的可持续性和风险控制。第四,社会责任和形象塑造。金融机构越来越重视社会责任和公众形象的塑造。参与体育公共服务项目可以为金融机构带来正面的社会影响和公众认可。他们可能希望通过支持这些项目来展示自己的社会责任,提升品牌形象,并与政府和其他合作伙伴建立良好的关系。第五,可持续发展和社会效益。金融机构对于可持续发展和社会效益的关注也在增加。他们可能关注体育公共服务项目对社区的积极影响,包括促进健康和社交凝聚力,提供教育和培训机会,改善社会福利等。金融机构可能会更愿意支持具备可持续发展潜力和社会效益的项目。

(2)媒体

媒体是通过信息的收集、筛选、确认和重新组合来实现其功能和价值,所以媒体的利益需求就是充分获取运营信息,包括开展的各种运营活动、取得的经营管理效果等信息。媒体在关注 PPP 模式体育公共服务项目时,通常对以下几个方面的利益需求持有一定关注:第一,透明度和问责制。媒体关注项目的透明度和问责制机制。他们期望能够了解项目的融资来源、政府和私营合作伙伴之间的合同细节,并能够监督项目的执行和管理过程。媒体扮演着监督者和舆论引导者的角色,通过报道和调查揭示任何不透明或腐败问题,并推动问责机制的建立。第二,公共利益保护。媒体关注体育公共服务项目是否真正符合公共利益。他们会关注项目的社会效益,如是否提供公平的机会,是否满足公众对于体育场馆和设施的需求,以及项目对社区和环境的影响等。媒体可能会审查项目的效益评估和社会影响评估报告，并就潜在的利益冲突或不平等问题提出质疑。第三，经济可持续性和财务透明度。媒体关注项目的经济可持续性和财务透明度。他们可能会审查项目的商业计划和财务模型，以评估项目的长期可行性和财务风险。媒体可能会关注项目的融资结构、回报机制和利润分配，以确保项目的财务运作合理透明，并避免对公共资金的浪费和滥用。第四，公众参与和民主决策。媒体关注公众参与和民主决策的过程。他们会关注项目的决策是否充分征求了公众的意见和利益相关方的参与，以确保项目符合社区的期望和需求。媒体可能通过报道公众听证会、专家论坛和社区反馈等信息，向公众提供必要的参与机会和决策信息。

(3)体育中介组织

体育中介组织本质是为体育市场主体提供信息服务，包括营利性组织和非营利性组织，对于 PPP 模式体育公共服务项目的利益需求也有一定区别。营利性机构(如商业体育公司、大型体育媒体机构)的利益需求主要包括：第一，商业回报和盈利能力。营利性机构通常将重点放在项目的商业回报和营利能力上。他们希望通过投资和参与体育公共服务项目，获得经济利益和商业机会。他们关注项目的商业模式、市场潜力以及与项目相关的商业合作机会，以确保项目能够带来良好的投资回报。第二，品牌推广和市场影响力。营利性机构通常会利用体育公共服务项目来提升自身的品牌推广和市场影响力。他们关注项目的媒体曝光度、赛事组织和营销策略等，以加强自身在体育产业中的地位和认知度。他们希望通过参与公共服务项目，获得更多的品牌曝光和商业机会。第三，商业机会拓展。对于营利性机构来说，体育公共服务项目可能是发现新商业机会和拓展市场的平台。他们关注项目的创新性和可持续发展潜力，以寻找与现有业务相辅相成的商业机会，并通过项目的运营和管理提升整体业务水平。

非营利性机构(如体育协会、社区组织、公益机构)的利益需求主要包括:第一,社会效益和公共利益。非盈利性机构更关注项目的社会效益和公共利益。他们将项目的价值看作是为社会和公众带来的益处,如提供公共体育设施、促进健康与教育、支持社区发展等。他们关注项目对社会的影响、社区参与和受益、公众健康和福祉等方面的效果。第二,社区参与和合作伙伴关系。非营利性机构强调与社区和利益相关方的合作伙伴关系。他们关注项目的社区参与度、民主决策过程和社区反馈机制等,以确保项目能够真正符合社区的需求和期望。他们与社区合作伙伴密切合作,共同规划和运营体育公共服务项目。第三,持续发展和社会责任。非营利性机构更关注项目的长期可持续发展和社会责任。他们希望通过项目的管理和运营,确保资源的有效利用和项目的长远影响力。他们会关注项目的环境影响、社会责任实践和项目的可持续性,以确保项目能够为社会和公众带来持久的利益。

需要注意的是,盈利性机构和非盈利性机构的利益需求并不是严格分隔的,它们之间可能存在交叉和重叠。很多体育公共服务项目可能需要多方合作,兼顾商业利益和公共利益,以实现可持续发展和社会效益的双赢局面。

二、体育公共服务公私合作过程

(一)公私合作的一般过程

1. 确定合作目标

公共部门和私营部门首先需要明确他们希望通过合作实现的目标。这可以是共同提供某种公共服务、开展特定项目、共同解决社会问题等。确定明确的目标是合作的基础。

2. 明确问题或机会

首先,双方需要明确存在的问题、挑战或机会。这可以是社会问题、业务问题或需要解决的机遇。问题的清晰定义是制定合作目标的第一步。

3. 利益相关者分析

确定哪些利益相关者会受到合作结果的影响。这些利益相关者可以包括政府部门、企业、社区组织、公众等。了解他们的需求和期望有助于确定合作目标。

4. 制定 SMART 目标

具体性(Specific):目标应该清晰、具体,没有歧义。可衡量性(Measurable):目标应该能够量化和测量,以便评估进展和完成情况。可达到性(Achievable):目标应该是现实可行的,不要设定过于高不可及的目标。相关性(Relevant):目标应该与问题或机会相关,对于双方都有意义。有时限性(Time-bound):目标应该设定明确的时间框架,以便控制进展和完成时间。使用 SMART(具体的、可衡量的、可达到的、相关的和有时限的)目标设置原则,确保目标是明确和可操作的。SMART 目标有助于防止模糊或不切实际的目标。

5. 共同协商

合作伙伴之间需要进行协商,以确保双方对合作目标达成一致意见。这可能需要多次讨论和调整,以反映双方的关注点和期望。

6. 优先级和战略对齐

确保合作目标与双方的优先事项和战略目标相一致。这有助于确保双方愿意投入资源和努力来实现这些目标。

7. 评估可行性

评估合作目标的可行性,包括资源、技术、法律和政策等方面的因素。确保目标可以在实际操作中实现。

8. 明确目标的时间范围

确定合作目标的时间框架,包括开始日期、截止日期和里程碑。这有助于确保目标按计划实现。

9. 目标的公共化

将确定的合作目标明确地记录在合作协议或项目计划中,以便双方都能随时查看和理解。

10. 监测和调整

一旦确定了合作目标,双方应建立监测和评估机制,以跟踪进展并在需要时进行调整。这确保了合作目标的实现和成功。

(二)合作伙伴选择

在确定合作目标后,公共部门和私营部门需要选择合适的合作伙伴。选择合作伙伴时,要考虑以下因素:

1. 专业知识和经验

合作伙伴应具备相关的专业知识和经验,能够在特定领域提供所需的专业技术和管理能力。他们应该在类似项目中有成功的记录,并具备良好的声誉。

2. 财务实力

合作伙伴应该具备足够的财务实力,能够承担项目的投资和运营风险。他们的财务指标(如资产负债表、利润表和现金流量表)应该健康,并且能够获得必要的融资支持。

3. 可行性分析

进行综合的可行性分析,评估合作伙伴的项目可行性和商业模式的合理性。这包括评估项目的市场需求、竞争环境、风险因素和投资回报等。

4. 配套资源

合作伙伴应具备必要的物质、人力和技术资源,能够支持项目的顺利实施和运营。他们应该能够提供所需的设备、技术、人员和供应链网络等。

5. 可靠性和诚信

合作伙伴应该是可靠的并具备良好的商业道德和诚信度。他们应该遵守合同义务,能够与政府和其他利益相关方进行诚实、透明的合作。

6. 风险管理能力

合作伙伴应该有一套有效的风险管理体系,能够识别、评估和应对项目中的各类风险。他们应该能够制定合理的风险管理计划,并能够适应不可预见的变化和挑战。

7. 配合度和目标一致性

合作伙伴的目标和价值观应该与政府部门和其他合作伙伴相吻合,并且配合度高。他们应该能够与政府合作,共同实现项目的目标,并解决潜在的合作冲突。

8. 持续支持和合作关系

合作伙伴应该具备长期支持和合作的意愿,并愿意与政府和其他利益相关方建立长期的合作关系。他们应该有良好的沟通和协调能力,能够与不同方面的利益相关者有效合作。

(三)协商和制定合作协议

一旦合作伙伴确定,公共部门和私营部门需要开展协商,并就合作的具体细节达成一致。协议的制定旨在确保合作的公平、透明和可持续发展。合作协议通常包括双方的责任、义务、资源投入、合作期限、利益分配等内容。其要点如下:

1. 明确项目目标和范围

在协商过程中,确保所有各方对项目的目标和范围有清晰的理解和共识。协议应明确项目的规模、目标、交付物以及各方的责任和权力分配。

2. 确定合作结构和角色

需要明确各方在项目中的角色和职责,包括政府部门、私营部门和其他利益相关方。协议应清楚定义参与方的权利、义务和责任，并建立相应的决策和管理机制。

3. 确定资金和投资安排

在协商过程中，确定资金和投资的安排方式，包括公共资金注入、私人投资、融资渠道等。协议应明确资金来源、分配机制、利润分享和风险分担等细节。

4. 制定合理的商业模式

协商过程中需要制定合理的商业模式，确保项目具有可持续性和经济可行性。商业模式应考虑市场需求、收入来源、成本结构、收益预测等因素，并建立相应的商业运营模式。

5. 明确监管和监督机制

协议应明确监管和监督机制，确保项目按照合同要求和法规进行有效管理和监督。涉及合规性、质量控制、环境保护、社会责任等方面的监管要求应被纳入其中。

6. 制定风险分担机制

协商过程中需要制定明确的风险分担机制，明确各方在项目中的风险责任和风险分担方式。协议应考虑可能的风险情景，并确保合理的风险管理和风险分配安排。

7. 解决争议和纠纷的机制

协议应包含解决争议和纠纷的机制，如仲裁、调解或诉讼等。这将确保各方在发生争议时能够依法解决，并促进项目的平稳进行。

8. 保护知识产权和数据安全

在协议中应建立保护知识产权和数据安全的机制和约定，确保项目中涉及的技术、数据和信息的合法性、安全性和机密性。

9. 合规性和透明度

协议应具备合规性和透明度，符合相关法规和政策要求。协议内容应清晰明确,并且需要及时向相关方公开和披露关键信息。

10. 时限和终止条件

协议中应明确约定项目的时间安排和终止条件。包括项目实施的阶段和时限,以及可能引起终止的条件和程序。

(四)资源投入和分工

在 PPP 项目过程中,资源投入和分工是其中两个重要方面:

1. 资源投入

(1)资金投入

PPP 项目通常需要大量的资金投入,既包括政府的公共资金,也包括私人部门的投资。这些资金将用于项目启动、基础设施建设、设备采购、运营管理等方面。

(2)人力资源

项目需要各类专业技术人员以及管理人员来推动项目的实施。政府和私人部门都需要投入合适的人力资源,包括项目管理人员、工程师、设计师、监理人员、运营人员等。

(3)技术资源

PPP 项目可能涉及各种专业技术,如工程设计、施工技术、运营管理系统等。各方需要投入适当的技术资源,包括技术专家、咨询公司、技术设备等,以确保项目的顺利进行。

(4)设备资源

项目可能需要各种设备和工具,如建筑设备、工程机械、通信设备等。政府和私人部门在项目过程中需要投入适当的设备资源,以满足项目实施的需求。

2. 资源分工

(1)政府角色

政府在 PPP 项目中通常承担监管、规划、审批和监督等角色。政府负责确保项目符合法规和政策要求,协调相关部门,并提供公共资金支持。

(2)私人部门角色

私人部门在PPP项目中通常承担投资、设计、建设、运营等角色。私人部门负责提供投资资金,进行项目的具体实施,承担一定的风险,并按约定负责项目的运营和维护。

(3)专业机构角色

在一些复杂的PPP项目中,可能需要专业机构的参与,如咨询公司、工程承包商、设备供应商等。这些专业机构将根据自身专长承担项目中的具体任务和责任。

恰当的资源投入将有助于项目的顺利进行,而合理的资源分工则能够确保各方承担适当的责任,实现项目的共同成功。

(五)实施和监督

一旦合作协议达成,并确定资源投入和分工,公共部门和私营部门开始实施合作计划。在实施过程中,双方需要建立有效的沟通和协调机制,确保合作目标得以实现。同时,监督和评估机制也需要建立,以确保合作活动的质量和效果。具体包括以下几个要素:

1. 明确合同和责任

确保在项目启动阶段明确制定合同,并明确各方的责任和义务。合同应详细规定项目的目标、里程碑、质量标准、监督机制、风险分担等内容,以确保各方的承诺得到充分执行。

2. 建立有效的项目监督机制

建立一个有效的项目监督机制,确保项目按照设定的规划和时间表进行。监督机制可以包括定期的项目进展报告、现场检查、质量验收、项目评估等环节,以及相应的投诉和争议解决机制。

3. 项目管理和履约

针对 PPP 项目,建立专门的项目管理团队或机构,负责项目的执行和监督。他们应具备相关专业知识和经验,能够有效管理项目的进度、质量、成本和风险,并与各参与方保持紧密合作和沟通。

4. 质量控制

建立质量控制机制来确保项目交付的质量。这包括确保项目的设计、施工和运营符合相关标准和规范,进行必要的质量检查和验收,并解决任何质量问题和缺陷。

5. 风险管理

项目实施过程中存在各种风险,包括技术风险、合规风险、市场风险等。建立有效的风险管理机制,及时识别、评估和应对各种风险,以降低不确定性对项目效果和质量的影响。

6. 透明度和信息披露

确保项目实施过程的透明度,并及时披露与项目相关的信息。这样可以增加参与方和相关利益相关者对项目的信任和理解,并有助于发现和解决问题。

7. 评估和学习

定期进行项目评估和学习,总结经验教训,改善项目实施的过程和方法。这有助于识别问题并提出改进措施,以提高未来类似项目的效果和质量。

(六)结果评估和调整

合作活动完成后,公共部门和私营部门需要对合作的结果进行评估。评估的目的是了解合作的绩效、问题和改进的空间。根据评估结果,双方可以进行必要的调整和改进,以提高合作的效果和可持续发展。具体方法步骤如下:

1. 确定评估指标和标准

在项目启动阶段，应明确定义项目的评估指标和标准。这些指标和标准应与项目的目标和结果密切相关，例如财务指标、运营效率、服务水平等。确保这些指标和标准能够量化和衡量项目在各个方面的成果和效益。

2. 收集数据和信息

收集和整理与项目相关的数据和信息，包括项目的执行情况、财务数据、项目运营数据、用户满意度等。这些数据和信息可以通过定期的监测、报告、现场检查、用户调查等方式获取。

3. 进行评估和分析

根据收集到的数据和信息，进行评估和分析。评估可以包括定性和定量的分析，用于判断项目在各方面的绩效和效果，是否达到预期目标。这可以涉及对项目效益、成本效益、风险和可持续性等方面的评估。

4. 制定调整计划

在评估的基础上，制定项目的调整计划。根据评估结果，确定需要改进和调整的方面，例如项目执行策略、运营方式、合同条款等。制定具体的行动计划，包括时间表、责任分工和资源需求等。

5. 实施调整和监督

根据调整计划，开始实施项目的调整。确保调整措施得到有效执行，并建立有效的监督机制来跟踪和监测调整的效果。持续监督和评估项目的执行情况，确保调整措施能够产生预期的效果。

6. 沟通和合作

结果评估和调整是一个涉及多方利益相关者的过程。确保与项目各方的沟通和合作，包括政府、私营部门、投资者、用户等。分享评估结果和调整计划，征求他们的意见和建议，并确保他们能够理解和支持项目的调整。

7. 持续改进和学习

结果评估和调整是一个持续改进的过程。通过定期的评估和调整，不断学习和改进项目的执行和管理。总结经验教训，推广成功的经验，纠正不足之处，并将这些知识应用到未来的类似项目中。

三、评价主要内容的确定

根据模型建立的目的与原则，笔者认为，体育公共服务公私合作评价的内容应包括五个方面：一是对体育公共服务公私合作进行经济评价，即评价投入成本与规模是否具有经济效率。二是对效率进行评价，即对营运效率、经营服务效率进行评价。三是对效益进行评价，即评价公私合作对当地经济社会产生的正面和负面的效益。四是对民主进行评价，即对过程的民主性、透明性、参与度等进行评价。五是对公平进行评价，即体育公共服务在不同群体之间分配的公平性、平等性。这五个方面涵盖了体育公共服务公私合作的所有关键测量点，能较为系统、全面地针对乡镇公共交通和公私合作模式的特点进行评价。因此，本研究选用这五方面作为评价内容，而这五方面内容又是通过具体的指标来体现的。

（一）经济评价

经济评价，是指对投入成本最小化程度的评价，即在维持特定投入水平时，尽可能降低成本的评价。经济评价可分为两个方面：一是投入规模评价，二是资金成本评价。投入规模决定了项目的可持续性，应与当地整体经济社会发展相适应。投入规模过大会造成浪费，而投入规模不足则会造成发展瓶颈。公私合作通常被认为是一种经济行为或是管理行为。体育公共服务的开展立足于经济基础。经济存在地区差异，农村与城镇、西北与东南地区因经济基础的不同体育公共服务公私合作必然存在差异，有所不同。结合个人体育活动的参与也受经济水平的影响。在建立评价指标体系的时候必然要考虑经济因素作为基础。因此，体育公共服务建设的规模,应根据当地经济社会发展水平、速度来确定。对于经济社会发展水平较高的地区,可适当扩大体育公共服务投入规模;反之,则应适当减小投入规模。资金成本又指融资成本。由于投资公共交通设施一般都是金额巨大的投资,因此,很难完全依靠自有资金投入体育公共服务项目,而需要融资。融资成本的高或低,决定着该项目的经济性。例如,20 世纪 90 年代,广东东莞市的一些乡镇在搞基础设施建设时,曾采取给予投资者固定回报的方式进行融资,但当时由于国内利率水平一直偏高,又缺乏对基础设施的管理经营经验,导致大多数项目的资金成本偏高。根据以上分析,可以将“经济”指标细分为“投资规模”和“投资成本”。

(二)效率评价

效率评价,指对特定的生产效益所付出的努力的数量,即产出与投入的关系。在此,我们将从两方面来细化效率指标,即经营效率和服务效率。一是经营效率,指在体育公共服务正常运营的过程中所消耗的成本,它所体现的是管理水平的高低。在管理水平较高的组织经营下,其成本将会较低;反之,成本将会较高。二是服务效率,是指每服务一名群众所消耗的生产资料和劳动力资源。

(三)效益评价

效益评价,是指产出对实现运营宗旨与组织目标的影响程度,包括产出的期望、产出质量所得到的社会效果。在此,效益指标将被细化为两类,即经济效益和社会效益。本文从以下两方面来考察体育公共服务的经济效益:第一,运营所得的收入与利润;第二,对所在乡镇 GDP 的贡献,即产值除以乡镇 GDP。本研究从以下两方面考察体育公共服务的社会效益:第一,对周围环境的影响。如对当地居民生活习惯的改变,生活质量的改善,对当地体育环境的优化。第二,对健康的影响。即公共体育服务导致的参与人口健康水平的提高或降低。

(四)民主评价

上述经济、效率、效益三类指标,更多是从生产能力、经营能力、管理水平方面考察体育公共服务组织,而民主、公平两类指标的设立,更多是来考察政府公共部门的责任。民主指标的设计,用于评价过程的民主性、透明性、合理公正性,因此,这方面的指标必须以公众对过程的满意度为基础。我们将民主评价细化为三项指标,即公众对过程的满意度、公众对信息的知情度、公众反馈信息的顺畅度。第一,公众对过程满意度,用于反映服务过程有无充分考虑和体现公众的服务需求。第二,公众对体育服务信息知情度,即体育公共服务项目信息有无及时有效地向公众公开、透明。第三,公众反馈信息的顺畅度,即当公众对公交服务有不满情绪或有新的诉求时,能否容易找到制度化的表达途径。

(五)公平评价

公平评价,是为有效考察政府部门在保障公共服务合理公平分配、维护公共利益方面的责任与作用。评价内容包括:体育公共设施与体育服务的使用分配方面,是否所有居民都有平等的使用机会;相关利益群体对项目产品或服务分配的满意程度等。基于此考虑,可设计“公平”项下的具体评价指标为:第一,对体育服务设施场地开放的满意度,即居民对当地体育公共场地开放时间的满意程度。第二,对体育服务满意度,即居民对当地体育服务质量的满意程度。第三,对公共体育服务分配的满意度,即不同居民对所提供的体育服务类型、层次的满意程度。

四、评价方法的选择

目前,学术界尚未形成统一的、可用于评价体育公共服务公私合作模式的评价方法。但是,对于公共服务公私合作的评价却有许多,主要可分为两大类别:一是侧重经济效益的评价;二是侧重社会影响的评价。侧重经济效益的评价主要使用费用—效果分析法、费用—效益分析法等量化分析方法;侧重社会影响的评价则主要使用模糊评价(FAM)法、多目标层次分析(AHP)法和数据包络(DEA)法等定性与定量相结合的分析方法。笔者认为,对公私合作模式的评价,应该对项目所带来的经济效益和社会影响进行综合评价。

第三节　体育公共服务公私合作评价指标体系构建逻辑

体育公共服务的公私合作评价指标体系构建逻辑可以考虑以下几个方面:

1. 定义目标和范围

明确评价体育公共服务公私合作的目标,例如提高服务效率、促进资源优化配置等。同时确定评价体系的范围,包括参与机构、行为和影响范围等。

2. 确定指标维度

将公私合作的评价指标划分为不同的维度,以便全面衡量合作情况。可能的指标维度包括合作目标实现程度、资源共享程度、信息沟通效率、协调与汇集机制等。

3. 选择具体指标

在每个维度中选择具体的评价指标,这些指标应该能够客观量化合作程度。例如,在合作目标实现程度维度中,可以选择指标如项目完成数量、效益达成情况等。

4. 设计评价方法和工具

为每个指标设计相应的评价方法和工具,以便收集和分析数据。评价方法可以包括问卷调查、实地访谈、数据统计等多种方式。

5. 计算指标权重

针对不同指标的重要性,可以通过专家咨询、层次分析法等方法确定权重,以便得出综合评价结果。

6. 分析和综合评价

根据收集到的数据,进行指标分析,并对公私合作情况进行综合评价。可以采用图表展示、比较分析等方式,形成客观的评估结果。

7. 反馈和改进

将评价结果反馈给相关机构和参与者,为其提供优化选择。

8. 定期更新和改进

评价体系应该是一个持续的过程,而不仅仅是一次性的评估。定期对评价指标和方法进行更新和改进,以适应不断变化的公私合作环境和需求。

9. 综合考虑利益相关方意见

在构建评价指标体系时,应该综合考虑各方的利益和需求。可以通过与公共机构、私人机构、社会组织以及受益者等相关方进行沟通和协商,获取他们的意见和建议。

10. 强调效果和影响评价

评价指标体系应该关注体育公共服务对社会、经济和环境的实际效果和影响。除了评估公私合作的程度,还应该评估其对促进体育发展、提高健康水平等方面的贡献。

11. 鼓励协同创新和分享经验

评价指标体系应该鼓励公共和私人机构之间的协同创新,并促进他们分享成功经验和最佳实践。这有助于不断改善公私合作的效果和质量。

12. 加强监督和评估机制

评价指标体系应该包括相应的监督和评估机制,以确保公私合作的合规性和有效性。需要建立适当的监测和评估机构,对公共和私人机构的合作行为进行监测、评估和反馈。

具体逻辑图,如图5所示:

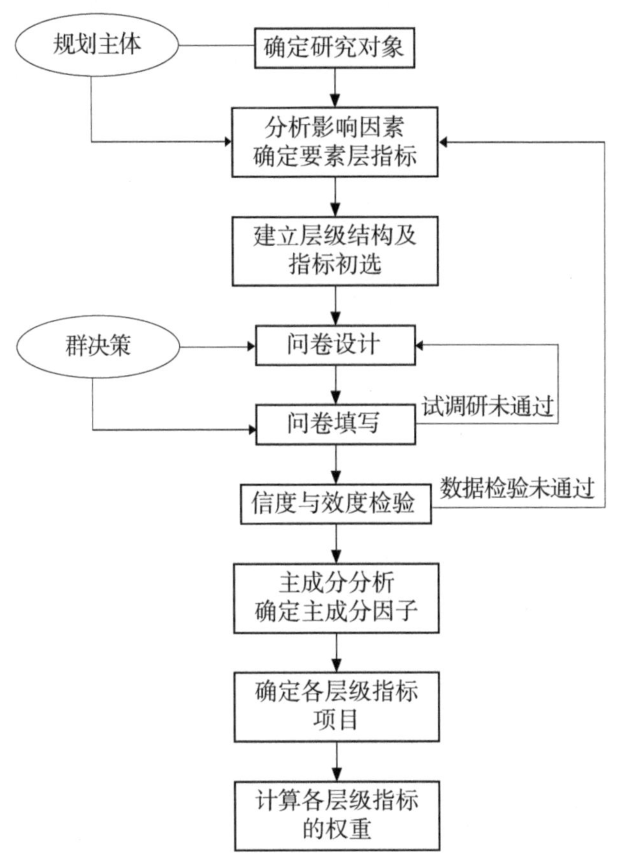

图5 体育公共服务公私合作评价指标体系构建逻辑图

1. 文献研究形成问卷初稿

通过大量文献研究,综合考虑其他学者的研究成果以及实际案例分析,分别明确公共部门、私人部门以及社会公众通过PPP项目期望实现的目标,形成问卷初稿。

2. 问卷修订

采用专家访谈对初选指标进行修订。专家访谈是指研究者通过引导被访谈专家相互交流来获取信息的方法。本研究在文献研究的基础上，预先整理前期资料，以访谈的形式向 PPP 项目专家就初选指标征询意见，剔除和补充部分指标。基于访谈结果，将修改后的初选指标做成问卷邀请多位包括学术界和企业界在内的相关人员进行小范围试填，从而发现问卷实际调查过程中会出现的问题，结合试填者的反馈意见，完善问卷形式以及内容，以契合本研究的需要，最终形成合作效率指标概念框架。

3. 问卷制作

将合作效率指标概念框架制成正式问卷，包括五部分内容，即前言、说明、专家资料、测量表以及结束语。第一部分：前言，包括自我介绍、调查目的、保密承诺以及对受访者的感谢；第二部分：说明，主要对项目合作效率进行解释，并附上问卷填写的网络链接；第三部分：专家资料，包括受访者个人相关信息；第四部分：为调查问卷测量表，要求受访者从自身角度出发分别为政府部门、私人部门以及社会公众的目标进行重要性程度打分，采用李克特 5 级量表，其中 5 分表示极其重要、3 分一般重要、1 分表示可以忽略；第五部分：结束语，对受访者的帮助和支持再次表示感谢。

4. 问卷发放与回收

在学术界、企业界、政府界以及社会公众中发放问卷，并定期回收问卷。

5. 数据处理

首先采用 SPSS27.0 软件检验问卷的信度和效度，判断初选指标的合理性，删除不合理指标，实现对初选指标的优化；检验通过后再对各个指标进行因子分析，结合实际情况针对因子分析结果调整部分指标，形成最终的 PPP 项目合作效率指标体系。

第五章　体育公共服务公私合作评价指标体系构建

第一节　评价指标体系设计

一、评价指标的概念

评价指标是用来衡量和评估特定目标或目标达成程度的量化指标或标准。它们可以用来衡量一个项目、产品、服务或组织的绩效、效果或质量。评价指标通常是可衡量、可观察和可验证的，并且应该与目标或目标密切相关。通过使用评价指标，可以帮助人们更好地了解和评估一个项目或组织的表现，并提供数据支持来做出决策、改进和优化工作。评价指标可以是定量的（如数字、百分比）或定性的（如描述性的词语或等级），并且可以根据具体的情境和需要进行定义和选择。评价指标的选择应该与目标和所关注的领域密切相关，并且应该是可衡量、可操作和可追踪的。

二、评价指标体系

评价指标体系设计是指根据特定目标或需求，设计一套用于评估和衡量绩效、质量、效益等方面的指标体系。评价指标体系的设计有七大遵循：

(一)目标明确性

评价指标体系的设计应该明确具体的评价目标，明确需要评价的方面和重点。评价指标体系的目标明确性是指评价指标体系设定的目标是否明确、清晰。一个好的评价指标体系应该明确地指出所要评价的对象、评价的目的以及评价的标准和方法。只有明确的评价目标，才能使评价指标体系具有实际应用的意义，确保评价的结果具有可比性和可操作性。目标明确性是评价指标体系的基础，它决定了评价指标体系的科学性和可靠性。如果评价指标体系的目标不明确，评价的结果可能会缺乏说服力，无法为决策提供有效的参考。此外，目标明确性还能帮助评价者明确评价的重点和方向，避免评价过程中的主观偏差和片面性。评价指标体系的目标明确性还需要满足可操作性的要求，即评价指标体系所设定的目标应该能够被具体的指标和数据所量化和衡量。只有具备可操作性的目标，才能使评价指标体系能够实际应用于实践中，为决策和管理提供有效的支持。因此，在设计评价指标体系时，需要确保目标明确性和可操作性的统一，以实现评价的科学性和实用性。

(二)完整性

评价指标体系应该全面覆盖评价对象的各个方面，包括过程、结果、效益等多个维度。评价指标体系的完整性是指评价指标体系是否能够全面、准确地反映被评价对象的各个方面和特征。一个完整的评价指标体系应该包含全面的指标，能够覆盖被评价对象的各个方面，包括但不限于性能、质量、效益、安全、环境等。同时，指标体系应该能够准确地反映被评价对象的特征，具有较高的可操作性和可行性。评价指标体系的完整性对于评价结果的准确性和有效性至关重要。如果评价指标体系不完整，可能会导致评价结果偏颇或遗漏重要的方面，限制了评价的全面性和准确性。因此,在设计评价指标体系时,需要充分考虑被评价对象的特征和需要评价的方面,确保评价指标的全面性和准确性。此外,评价指标体系的完整性还需要考虑指标之间的关联性和相互作用。不同指标之间可能存在相互影响或依赖关系,评价指标体系应该能够准确地反映这些关系,避免指标之间的冲突或重复。因此,在设计评价指标体系时,需要进行充分的分析和研究,确保指标之间的一致性和协调性。评价指标体系的完整性是评价过程中的重要考虑因素,它决定了评价结果的准确性和有效性。一个完整的评价指标体系应该能够全面、准确地反映被评价对象的各个方面和特征,并具有较高的可操作性和可行性。

(三)可衡量性

评价指标体系中的指标应该具备可衡量性,即能够通过具体的数据和方法进行衡量和评估。评价指标体系的可衡量性是指评价指标体系是否能够提供具体、可量化的数据,以便进行客观的评价和比较。可衡量性是评价指标体系的重要特征,它确保评价结果能够被量化和比较,从而使评价结果更加客观和可信。一个具有较高可衡量性的评价指标体系应具备以下特点:

1. 明确性

评价指标体系中的指标应该具有明确的定义和测量方式,以确保数据的准确性和一致性。

2. 可量性

评价指标体系中的指标应该能够被量化,通过具体的数值来表示,而不是主观的描述。

3. 可比性

评价指标体系中的指标应该能够进行比较,通过数值的大小来进行对比和排序。

4. 可验证性

评价指标体系中的指标应该能够被验证,通过实际的数据和证据来支持和证明评价结果的准确性。

5. 可操作性

评价指标体系中的指标应该能够被实际操作和收集数据,以便进行评价和监测。

通过以上特点,评价指标体系的可衡量性可以保证评价结果的客观性和可信度,从而为决策提供有力的支持。

(四)可比较性

评价指标体系中的指标应该具备可比较性,即不同评价对象之间的指标可以进行比较和对比。评价指标体系的可比较性是指在不同时间、不同地区或不同对象之间,能够进行有效的比较和对比的能力。可比较性是评价指标体系的重要特征,它决定了指标体系的实用性和可行性。以下是评价指标体系可比较性的几个关键因素:

1. 一致性

评价指标体系应该在不同的情况下保持一致性,即相同的指标在不同的情况下有相同的定义和度量方法。这样才能确保指标的比较是真实可靠的。

2. 易于获取

评价指标体系中的指标数据应该相对容易获取,以确保在不同时间、地区或对象之间的比较是可行的。

3. 解释性

评价指标体系中的指标应该具有明确的解释和含义,这样才能确保不同人或组织对指标的理解是一致的,从而实现可比较性。

4. 标准化

评价指标体系中的指标应该有一套统一的标准和规范,以确保在不同情况下的比较是公正和客观的。

综上所述，评价指标体系的可比较性是指在不同时间、地区或对象之间，能够进行有效比较和对比的能力。为了确保可比较性，评价指标体系应该具有一致性、可量化性、易于获取、可解释性和标准化等特征。

(五)有效性

评价指标体系应该能够真实、准确地反映评价对象的绩效、质量、效益等方面，具有有效性。评价指标体系的有效性是指该体系能够准确、全面、可靠地评估和衡量评价对象的特定指标或维度。评价指标体系的有效性取决于以下几个方面：

1. 准确性

评价指标体系应能够准确地反映所评价对象的特定指标或维度。即评价指标所衡量的内容与所评价对象的实际情况相符合，能够提供真实、客观的评价结果。

2. 全面性

评价指标体系应能够全面地涵盖所评价对象的各个方面或维度。即评价指标应能够覆盖所评价对象的全部重要特征，不偏废、不偏颇。

3. 可靠性

评价指标体系应具有良好的可靠性，即在不同的评价条件下，能够产生一致的评价结果。评价指标应具有较高的信度和稳定性，不受评价者主观因素的影响。

4. 敏感性

评价指标体系应具有较高的敏感性，即能够感知和反映所评价对象的细微差异。评价指标应能够准确地区分不同水平或程度的表现，以便提供有针对性的改进建议。

综上所述，评价指标体系的有效性是指其能够准确、全面、可靠地评估所评价对象，并具有敏感性。一个有效的评价指标体系能够提供有用的评价结果,为决策者提供准确的参考依据。

(六)可操作性

评价指标体系应该具备可操作性,即能够方便地进行数据收集、计算和分析,能够得出有实际意义的评价结果。评价指标体系的可操作性是指评价指标体系能够提供具体、明确、可操作的指标和评价方法,以便于实施和衡量。具体来说,评价指标体系的可操作性包括以下几个方面:

1. 指标的明确性

评价指标体系中的指标应该具有明确的定义和表达方式,以便于被理解和解释。指标的含义应该清晰明了,避免产生歧义。

2. 指标的可测性

评价指标体系中的指标应该能够被有效地测量和收集数据。指标的测量方法应该具有可靠性和有效性,能够准确地反映被评价对象的特征或绩效。

3. 指标的可比性

评价指标体系中的指标应该具有可比性,即不同评价对象之间或不同评价时期之间的指标数值可以进行比较。这要求指标具有一致的度量单位和计算方法,以便于进行横向和纵向的比较分析。

评价指标体系的可操作性是评价指标体系设计和实施的重要考虑因素。只有具备可操作性的评价指标体系,才能够真正发挥其评价和指导作用,帮助提高被评价对象的绩效和效果。

(七)可改进性

评价指标体系应该具备可改进性,即能够根据实际需要进行调整和改进,以提高评价的准确性和有效性。评价指标体系的可改进性是指评价指标体系是否具有改进的空间,是否能够适应不断变化的需求和环境。评价指标体系的可改进性可以从以下几个方面进行评估:

1. 完整性

评价指标体系是否覆盖了所有需要评价的方面。如果评价指标体系存在遗漏或者重复的情况,就需要进行改进,使其更加全面和准确。

2. 精确性

评价指标是否能够准确地反映所评价对象的真实情况。如果评价指标存在模糊或者主观的情况,就需要进行改进,使其更加具有客观性和准确性。

3. 实用性

评价指标体系是否能够提供有用的信息,对于决策和改进有指导意义。如果评价指标体系的结果无法转化为实际行动,就需要进行改进,使其更加实用和可操作。

4. 可持续性

评价指标体系是否能够适应未来的变化和发展。如果评价指标体系无法适应新的需求和环境,就需要进行改进,使其更加可持续。

评价指标体系的可改进性是一个动态的过程,需要不断地进行监测和调整。通过不断地改进,评价指标体系可以更好地满足评价的目的和需求。评价指标体系的设计需要根据具体的评价对象和目标进行定制,不同领域和不同目标的评价指标体系可能会有所不同,但以上几个方面是设计评价指标体系时需要考虑的基本要素。

三、体育公共服务公私合作评价指标体系

体育公共服务公私合作评价指标体系是评价体育公共服务公私合作效果的一套科学指标体系。以下六点为该指标体系中的评价指标。

(一)参与程度

评价公共服务机构与私人企业在体育项目合作中的参与程度,包括合作的项目数量、合作的时间长度、合作的经费投入等。

1. 体育公共服务公私合作评价指标体系的参与合作项目数量

体育公共服务公私合作评价指标体系的参与合作项目数量是评价该体系有效性和影响力的重要指标之一。参与合作项目数量的多少可以反映出体育公共服务公私合作的广泛程度和深度。具体评价指标包括:

(1)合作项目数量

体育公共服务公私合作评价指标体系应该统计和记录参与合作的项目数量,包括与政府、企业、社会组织等各方合作的项目。

(2)合作项目类型

评价指标体系应该细分不同类型的合作项目,如体育设施建设、青少年体育培训、社区体育活动等,以便更好地了解合作项目的具体内容和目标。

(3)合作项目覆盖范围

评价指标体系应该考虑合作项目的覆盖范围,包括合作项目所涉及的地区、人群和体育项目等。覆盖范围越广,合作项目的影响力和效益就越大。

(4)合作项目成效

评价指标体系应该考虑合作项目的成效,包括项目的实施效果、社会效益和经济效益等。通过评估合作项目的成效,可以进一步确定合作项目的质量和价值。

综上所述,体育公共服务公私合作评价指标体系的参与合作项目数量是评价该体系有效性和影响力的重要指标之一,可以反映出合作的广泛程度和深度。同时,还应考虑合作项目的类型、覆盖范围和成效等因素,以全面评估合作项目的质量和价值。

2. 体育公共服务公私合作评价指标体系的参与合作时间长度

参与合作时间长度是体育公共服务公私合作评价指标体系中的一个重要指标。它衡量了公共服务机构与私人企业或组织在体育公共服务项目中的合作时间长度。

(1)合作项目的持续时间

评估合作项目的实施时间长度,包括合作开始时间和结束时间。长期合作项目通常能够更好地实现公共服务目标,因为它们能够提供更稳定和持久的服务。

(2)合作机构的历史

评估合作机构的历史,包括其与公共服务机构的合作时间长度。长期合作关系意味着双方在合作过程中积累了丰富的经验和互信,能够更好地协同工作。

(3)合作项目的周期性

评估合作项目的周期性,包括是否定期进行合作、合作频率和合作周期。定期合作能够更好地满足公众需求,确保持续的体育公共服务提供。

(4)合作机构的合作意愿

评估合作机构的合作意愿和长期合作的意愿。合作机构的合作意愿越高,愿意与公共服务机构长期合作,就能够更好地促进合作项目的实施和发展。

综上所述,参与合作时间长度是体育公共服务公私合作评价指标体系中的一个重要指标,它能够评估合作项目的持续时间、合作机构的历史、合作项目的周期性与程度和合作机构的合作意愿。这些评价指标可以帮助评估体育公共服务公私合作的效果和成效。

3. 体育公共服务公私合作评价指标体系的参与合作经费投入

参与合作经费投入是评价体育公共服务公私合作的重要指标之一。合作经费投入的多少直接影响到合作项目的规模和效果。

(1)经费占比

评估合作方在项目经费中的投入占比,包括资金、物资和人力资源等方面。合作方投入的经费占比越高,表明其对合作项目的重视程度和承担责任的程度越高。

(2)经费来源

评估合作方经费的来源,包括政府拨款、企业赞助、社会捐赠等。合作方经费来源的多样性和可持续性对合作项目的稳定性和长期发展具有重要意义。

(3)经费使用效益

评估合作方经费的使用效益,即投入经费所产生的实际效果和影响。合作方应该根据项目目标和需求,合理配置经费,确保经费的使用能够最大限度地实现项目的预期效果。

(4)经费透明度

评估合作方对经费的管理和使用是否透明,包括经费使用的公开公示、审计和监督等机制。合作方应该建立健全的财务管理制度,确保经费的使用符合相关法规和规定,同时接受社会各界的监督。

(5)经费合理性

评估合作方经费的合理性和合规性,包括经费的合理预算和合规使用。合作方应该根据项目的实际需求和资源情况,制定合理的经费预算,并确保经费的使用符合相关法规和规定。

通过评估合作方参与合作经费的投入情况,可以客观地评价体育公共服务公私合作的质量和效果,为合作方提供改进和优化的方向。同时,也有助于提高社会对体育公共服务公私合作的认可度和支持度。

(二)合作效果

体育公共服务公私合作评价指标体系设计的合作效果可以从以下几个方面进行评价。

1. 资源整合效果

评估公共和私人部门在体育公共服务中的资源整合效果,包括资金、场地、设施、人力资源等。评价指标可以包括合作项目的资源投入比例、资源利用效率等。

2. 服务质量效果

评估公共和私人部门合作提供的体育公共服务的质量效果，包括服务内容的多样性、服务的可及性、服务的专业性等。评价指标可以包括合作项目的服务覆盖范围、服务对象满意度等。

3. 社会效益效果

评估公共和私人部门合作提供的体育公共服务对社会的效益，包括促进健康、增强社会凝聚力、提升城市形象等。评价指标可以包括合作项目的参与人数、影响力等。

4. 经济效益效果

评估公共和私人部门合作提供的体育公共服务的经济效益，包括产生的经济效益、节约的成本等。评价指标可以包括合作项目的财务收入、经济回报率等。

5. 可持续发展效果

评估公共和私人部门合作提供的体育公共服务对可持续发展的贡献，包括环境保护、社会责任、文化传承等。评价指标可以包括合作项目的环境影响评估、社会责任履行情况等。

通过对以上方面的评价，可以全面评估体育公共服务公私合作的效果，为进一步优化合作模式和提升服务质量提供参考。

(三)资源利用效率

体育公共服务公私合作评价指标体系的资源利用效率可以从以下几个方面进行评价。

1. 资源配置合理性

评价公共服务公私合作的资源利用效率首先要考虑资源的配置是否合理。资源包括人力、物力、财力等，公私合作应充分利用双方的优势资源，合理配置资源，确保资源的最大化利用。

2. 信息共享和协同

公私合作在资源利用上应开展信息共享和协同，通过共享信息和资源，实现资源的优化配置和利用。公共服务机构和私人企业应建立有效的信息共享机制，确保资源的高效利用。

3. 专业化和专业化

公共服务公私合作在资源利用上应充分发挥各自的专业化和专长。公共服务机构应发挥自身的专业优势，提供专业知识和技术支持；私人企业应发挥自身的市场竞争力和创新能力，提供有效的资源配置和管理。

4. 绩效评估和监督

公共服务公私合作的资源利用效率需要进行绩效评估和监督。通过建立科学的绩效评估体系和监督机制，及时发现和解决资源利用中存在的问题，确保资源的高效利用。

5. 社会效益和经济效益

公共服务公私合作的资源利用效率要同时考虑社会效益和经济效益。公私合作应以提供优质的公共服务为目标，同时要确保经济效益的实现，实现资源的最大化利用和社会效益的最大化。

(四)创新能力

体育公共服务公私合作评价指标体系的创新能力可以从以下几个方面进行评价。

1. 评价指标的全面性

创新能力体现在是否能够全面考虑各方利益和需求，包括政府、企业、社会组织和公众等方面的利益。评价指标应涵盖公共服务的方方面面，如设施建设、人员培训、活动组织、宣传推广等，以确保公私合作能够全面提供优质的体育公共服务。

2. 数据指标的科学性

创新能力还体现在评价指标是否能够科学地衡量公私合作的效果。

评价指标应根据实际情况选择合适的数据指标，如参与人数、满意度调查、社会影响力等，以确保评价结果客观准确。

3. 评价方法的灵活性

创新能力还体现在评价方法是否能够灵活应变，根据不同的公私合作项目和实施情况进行调整和优化。评价方法可以采用定性和定量相结合的方式，结合实地调研、问卷调查、专家评估等多种方法，以确保评价结果具有可操作性和可持续性。

4. 创新思维的运用

创新能力还体现在评价指标体系设计过程中是否能够运用创新思维。评价指标的设计过程应该鼓励创新思维，包括对现有公私合作模式的挑战和改进、对新兴技术和理念的应用等，以推动公私合作在体育公共服务领域的创新发展。

5. 可持续发展的考虑

创新能力还体现在评价指标体系是否能够考虑到可持续发展的因素。评价指标应该考虑到公私合作的长期效益和社会影响，如对环境的影响、对社区的贡献等，以确保公私合作能够在长期内持续发展并产生积极影响。

综上所述，体育公共服务公私合作评价指标体系的创新能力需要在全面性、科学性、灵活性、创新思维和可持续发展等方面进行评价，只有具备这些能力，评价指标体系才能更好地推动体育公共服务公私合作的创新发展。

（五）公平性

公平性是评价体育公共服务公私合作的重要指标之一。公平性指的是在公私合作中，各方的权益和机会应该得到公平的分配和保障，确保没有任何一方被歧视。

1. 机会公平

体育公共服务公私合作应该提供平等的机会给所有人,不论其社会阶层、经济条件、性别、种族等,所有人都应该有平等的参与和受益的机会。

2. 资源公平

体育公共服务公私合作应该合理分配资源,确保各方能够公平地获取和利用资源,避免资源集中于某一方,导致其他方的权益受损。

3. 权益保障

体育公共服务公私合作应该保障各方的合法权益,包括员工的劳动权益、用户的权益、合作伙伴的权益等。

4. 信息公开

体育公共服务公私合作应该公开透明,各方应该及时获取到相关信息,了解合作的目标、内容、进展等,避免信息不对称导致的不公平现象。

5. 监督机制

体育公共服务公私合作应该建立有效的监督机制,监督各方的行为是否符合公平原则,并及时处理和纠正不公平的行为。

综上所述,评价体育公共服务公私合作的公平性需要从机会公平、资源公平、权益保障、信息公开和监督机制等方面进行综合考量,确保各方在合作中能够得到公平对待和保障。

(六)可持续性

1. 经济可持续性

评价指标体系应考虑公私合作项目的经济可持续性,包括项目的投资回报率、财务收支平衡情况、项目的长期运营能力等。只有在经济可持续的基础上,公私合作项目才能长期稳定地提供体育公共服务。

2. 社会可持续性

评价指标体系应考虑公私合作项目对社会的影响和贡献,包括项目的社会效益、对当地社区的促进作用、对社会公平与公正的贡献等。公私合作项目应能够满足社会的需求,并能够持续地为社会创造价值。

3. 环境可持续性

评价指标体系应考虑公私合作项目对环境的影响和可持续性,包括项目的环境保护措施、能源利用效率、废物处理方式等。公私合作项目应能够最大限度地减少对环境的负面影响,并积极采取环保措施。

4. 制度可持续性

评价指标体系应考虑公私合作项目的制度安排和运行机制,包括政府监管、合作伙伴关系、风险共担机制等。公私合作项目应建立健全的制度框架,确保项目的长期稳定运行。

5. 创新可持续性

评价指标体系应考虑公私合作项目的创新性和创新能力,包括项目的技术创新、管理创新、服务创新等。公私合作项目应具备持续创新的能力,以适应不断变化的需求和环境。

综上所述,体育公共服务公私合作评价指标体系的可持续性需要综合考虑经济、社会、环境、制度和创新等多个方面的因素,以确保公私合作项目能够长期稳定地为社会提供体育公共服务。

第二节　评价指标体系筛选

基于体育公共服务公私合作评价指标体系构建的目标和原则,从公私合作的可持续性、公私合作的社会效益、公私合作的经济效益、公私合作的社会参与度、公司合作的创新性、公私合作的管理效率、公私合作的环境保护、公司合作的公众认可度和公私合作的合作效果九个维度来筛选可以体现体育公共服务公私合作的指标。

一、公私合作的可持续性

评估合作项目的长期可持续性，可以从经济、社会、环境和治理四个方面来评价。只有这四个方面都能够达到一定的标准，项目才能被认为具有可持续性。

（一）经济可持续性

项目的经济可持续性是评价其可持续性的重要指标之一。可以通过评估项目的财务状况、收入来源和支出情况来评价项目的经济可持续性。如果项目能够持续地获得足够的资金支持，并能够在长期内保持平衡的财务状况，那么可以认为项目具有经济可持续性。

（二）社会可持续性

社会可持续性是指社会发展的持续性和稳定性，即社会在满足当前需求的同时，能够保护和提升未来的生活质量和福祉。社会可持续性的核心是平衡经济、社会和环境三个方面的发展。在经济方面，社会可持续性要求经济增长能够持续并且公平分配，不仅要关注短期利益，还要考虑长期发展和社会公正。在社会方面，社会可持续性要求人们享有基本权利和公平机会，减少社会不平等和贫困现象。在环境方面，社会可持续性要求保护和恢复自然资源，减少环境污染和生态破坏。实现社会可持续性需要政府、企业和个人的共同努力。政府需要制定和执行合理的政策和法规，鼓励可持续发展的经济模式和社会制度。企业需要采取可持续的商业模式，关注社会责任和环境保护，同时创造经济价值。个人需要提高环境意识，积极参与社会公益活动，改变消费习惯和生活方式。社会可持续性的重要性在于保障人类和地球的未来发展。只有实现社会可持续性，才能实现经济繁荣、社会和谐和环境保护的良性循环。

（三）环境可持续性

项目的环境可持续性是指项目对环境的影响和保护程度。可以通过评估项目的环境管理措施、资源利用效率和环境保护意识来评价其环境可持续性。如果项目能够有效地减少对自然资源的消耗和污染,并采取措施保护生态环境,那么可以认为项目具有环境可持续性。

(四)治理可持续性

项目的治理可持续性是指项目的组织结构、决策机制和管理体系是否能够长期有效运作。可以通过评估项目的组织架构、决策透明度和管理效能来评价其治理可持续性。如果项目能够建立健全的组织结构,实现决策的科学化和规范化,并能够有效地管理项目资源和人力,那么可以认为项目具有治理可持续性。

二、公私合作的社会效益

(一)提高公共服务质量

公私合作可以通过引入私营部门的专业知识、管理经验和创新能力,提高公共服务的质量和效率。私营部门通常更加注重市场需求和用户体验,能够为公共服务提供更加灵活、高效的解决方案。

(二)降低公共支出

公私合作可以通过引入私营部门的资金和资源,减轻政府的财政压力,降低公共支出。私营部门可以通过投资和经营公共项目获得回报,减少政府的负担。

(三)促进经济发展

公私合作可以促进经济发展,创造就业机会和经济增长。私营部门的参与可以促进市场竞争和创新,激发经济活力,为社会创造更多的价值。

(四)提高社会满意度

公私合作可以更好地满足社会需求,提高社会满意度。私营部门的参与可以提供更加多样化、个性化的服务，更好地满足不同群体的需求。

（五）促进社会公平

公私合作可以促进社会公平和包容性发展。私营部门的参与可以提供更多机会和选择，减少贫富差距，提高社会的平等性和包容性。

三、公私合作的经济效益

（一）资源优化利用

公私合作可以实现公共资源和私人资源的优化利用。政府拥有大量的公共资源和资金，而私人企业具有专业知识和高效运作能力。通过合作，可以将双方的资源优势互补，实现资源的最大化利用，提高经济效益。

（二）降低成本

公私合作可以降低项目的成本。政府通常需要投入大量的资金和人力物力来实现公共服务，而私人企业具有更高的效率和成本控制能力。通过合作，政府可以减少投入，而私人企业可以降低成本，从而实现成本的降低。

（三）提高服务质量

公私合作可以提高公共服务的质量。私人企业通常具有更高的服务质量和管理水平，通过引入私人企业的运作机制，可以提高公共服务的效率和质量，满足公众的需求。

（四）促进创新和技术进步

公私合作可以促进创新和技术进步。私人企业通常具有更强的创新能力和技术实力，通过合作，可以引入私人企业的创新技术和管理经验，推动公共服务的创新和升级，促进整个经济的发展。

（五）激发经济增长

公私合作可以激发经济增长。通过合作，可以吸引更多的私人资本和投资,推动经济的发展。与此同时,合作也可以促进公共服务领域的竞争,提高市场效率,推动整个经济的增长。

四、公私合作的社会参与度

公私合作的社会参与度是指公共部门和私人部门之间合作的程度,包括政府与企业、非营利组织、社区和个人之间的合作。公私合作的社会参与度可以衡量一个社会的公民参与程度和社会发展的合作力度。

公私合作的社会参与度的重要性体现在以下几个方面:

(一)促进社会发展

公私合作可以整合资源,共同解决社会问题和挑战,推动社会发展和进步。政府和私人部门的合作可以提高资源的利用效率,加快社会发展的速度。

(二)提高公共服务质量

公私合作可以提供更好的公共服务。政府和私人部门的合作可以引入私人部门的创新、灵活性和效率,提高公共服务的质量和效率。

(三)增加社会参与度

公私合作可以鼓励和促进公民的参与。通过与私人部门的合作,政府可以吸引更多的公民参与社会事务,增加社会参与度,提高社会治理的效果。

(四)促进社会和谐稳定

公私合作可以促进社会和谐稳定。政府和私人部门的合作可以解决社会矛盾和冲突,促进社会和谐稳定。

为了提高公私合作的社会参与度,可以采取以下措施:

1. 加强政府与私人部门的沟通和合作

政府应加强与私人部门的沟通和合作,建立良好的合作机制和平台,鼓励私人部门参与社会事务。

2. 提供激励措施

政府可以通过提供激励措施,如税收优惠、奖励和补贴,鼓励私人部门参与公共事务。

3. 加强公民教育和参与

政府可以加强公民教育,提高公民的社会意识和责任感,鼓励公民积极参与社会事务。

4. 改善法律和制度环境

政府应完善相关法律和制度,为公私合作提供良好的法律和制度环境,保障合作的顺利进行。

公私合作的社会参与度对于社会的发展和进步具有重要意义,需要政府、企业、非营利组织和公民共同努力,共同促进公私合作的发展。

五、公私合作的创新性

公私合作的创新性指的是公共部门和私营部门之间合作的创新方式和方法。这种合作可以促进资源的共享和优势互补,通过创新的方式解决社会问题和提供公共服务。

公私合作的创新性主要体现在以下几个方面:

1. 创新的合作模式

公私合作可以采用各种创新的合作模式,如公共—私营合资、合作社、公共—私营合作伙伴关系等。这些模式可以根据具体情况灵活调整,以实现资源的最优配置和利益的最大化。

2. 创新的解决方案

公私合作可以通过汇集公共部门和私营部门的专业知识和经验,共同研究和开发创新的解决方案。这些解决方案可以应用于各个领域,如科技创新、城市管理、环境保护等,为社会带来更多的价值和效益。

3. 创新的投资和融资方式

公私合作可以通过创新的投资和融资方式，解决项目资金短缺的问题。例如，可以引入社会资本、金融机构等进行融资，或者采用风险共担和收益共享的方式，吸引私营部门参与公共项目的投资。

4. 创新的管理和运营机制

公私合作可以通过创新的管理和运营机制，提高项目的效率和质量。例如，可以引入市场化机制和竞争机制，激发各方的创新活力；可以建立有效的监管和评估体系，确保合作项目的顺利进行和成果的实现。

总之，公私合作的创新性是指公共部门和私营部门在合作中不断创新和改进的能力和意识。只有通过创新的方式，公私合作才能更好地发挥作用，为社会创造更多的价值和福祉。

六、公私合作的管理效率

体育公共服务公私合作评价指标体系的管理效率需要在目标明确度、指标合理性、数据收集与分析以及反馈与改进机制等方面进行评价和提升，只有在这些方面做得好，才能提高管理效率，更好地推动体育公共服务的发展。

（一）目标明确度

评价指标体系是否明确规定了体育公共服务公私合作的目标，包括提供优质的体育设施、促进体育产业发展、提升公众体育参与率等。目标明确度可以帮助管理者更好地制定策略和措施，提高管理效率。

（二）指标合理性

评价指标是否科学、合理，能够真实反映公私合作的实际情况和效果。指标的选择应基于数据的可获得性、可比性和可操作性，并且能够全面覆盖体育公共服务的各个方面。

(三)数据收集与分析

评价指标体系的管理效率还取决于数据的收集和分析能力。管理者需要建立有效的数据收集机制,确保数据的准确性和及时性。与此同时,还需要具备数据分析的能力,能够从数据中提取有用的信息和洞察,为决策和管理提供支持。

(四)反馈与改进机制

评价指标体系的管理效率还包括对评价结果的反馈和改进机制。管理者需要及时将评价结果反馈给相关利益方,包括政府、企业和公众,以便他们了解公私合作的效果和问题,并及时进行改进和调整。

公私合作可以将公共部门的资源与私营企业的资源相结合,形成资源共享和优势互补的局面。公共部门可以提供政策支持、法规制定等方面的资源,而私营企业则可以提供管理经验、技术专长和市场渠道等方面的资源。通过整合资源,可以更有效地利用有限的资源,提高管理效率。私营企业通常具有较高的管理水平和专业化的管理能力。与公共部门相比,私营企业更加注重效益和利润,能够更灵活地运作和决策。公私合作可以借鉴私营企业的管理经验和方法,提高公共部门的管理效率。公私合作可以通过市场化运作方式,降低管理成本。私营企业通常具有较高的效率和灵活性,可以更有效地利用资源和降低成本。与此同时,公共部门可以通过合作方式减少行政成本和人力资源成本,提高管理效率。私营企业通常具有较强的创新能力和市场敏感性。公私合作可以借助私营企业的创新能力,推动公共部门的改革和创新。通过合作,可以引入私营企业的市场经验和创新观念,提升公共部门的管理效率和服务水平。

七、公私合作的环境保护

公私合作的环境保护是指政府、企业和个人之间的合作,共同致力于保护和改善环境的行动。这种合作可以在各个层面上进行,包括政策制定、资源投入、技术创新和社会参与等方面。

在公私合作的环境保护中,政府扮演着重要的角色。政府可以通过制定环境保护方面的法律和政策,提供资金和技术支持,监督和管理环境保护行动。政府还可以与企业和个人建立合作关系,共同推动环境保护项目的实施。

企业也是公私合作中的关键参与者。企业可以通过采用环保技术和生产方式,减少环境污染和资源浪费。企业还可以投资研发环保产品和服务,为环境保护作出贡献。与政府合作,企业可以获得政策支持和市场准入的机会,同时也可以提升企业形象和竞争力。

个人在公私合作中的作用也非常重要。个人可以通过改变生活方式和消费习惯,减少能源消耗和废弃物产生,降低环境负担。个人还可以参与环境保护组织和社区活动,推动环境保护意识的提高,并对环境问题发表自己的声音。

公私合作的环境保护具有以下优势:

1. 资源共享

公私合作可以整合政府、企业和个人的资源,实现资源的共享和优化利用。

2. 技术创新

公私合作可以促进技术创新和研发,推动环境友好型技术的应用和推广。

3. 责任共担

公私合作可以促使政府、企业和个人共同承担环境保护责任,形成合力。

4. 效率提升

公私合作可以提高环境保护行动的效率和成效,避免资源的浪费和重复投入。

5. 社会参与

公私合作可以鼓励社会各界的参与和合作，增强环境保护的社会基础和可持续性。

公私合作的环境保护是一种有效的合作模式，可以促进环境保护工作的全面推进和可持续发展。政府、企业和个人应共同努力，积极参与公私合作，为保护地球家园作出贡献。

八、公私合作的公众认可度

公私合作的公众认可度是指公众对公私合作模式的接受程度和认可程度。公私合作是指公共部门和私营部门之间的合作关系，通过公共部门和私营部门的合作，共同实现公共利益和私营利益的最大化。

公私合作的公众认可度受多种因素影响，包括合作项目的目标和意义、合作双方的信誉和声誉、合作过程的透明度和公正性等。如果合作项目的目标是公共利益的最大化，例如，提供更好的公共服务或改善社会福利，公众通常会更容易接受和认可这种合作模式。此外，合作双方的信誉和声誉也是公众认可度的重要因素。如果公共部门和私营部门的合作双方都有良好的声誉和信誉，公众会更加信任和支持这种合作模式。

合作过程的透明度和公正性也是公众认可度的关键因素。如果合作过程公开透明，有公正的决策机制和监督机制，公众会更容易相信合作双方的行为是为了实现公共利益而不是私营利益。公私合作的公众认可度取决于合作项目的目标和意义、合作双方的信誉和声誉，以及合作过程的透明度和公正性。只有在这些方面都得到公众认可的情况下，公私合作才能获得高度的公众认可度。

九、公私合作效果

（一）资源整合效果

评估合作双方在资源整合方面的效果。包括公共服务机构与私人企业在资金、场地、设备等方面的合作，是否能够充分利用各自的资源，提高服务质量和效率。

（二）服务覆盖效果

评估合作双方在服务覆盖方面的效果。包括公共服务机构与私人企业合作提供的服务是否能够满足社会各个层面的需求，是否能够提供多样化的服务内容和形式。

（三）社会影响效果

评估合作双方在社会影响方面的效果。包括公共服务机构与私人企业合作所提供的服务对社会的影响程度，是否能够促进社会和谐、健康发展。

（四）创新能力效果

评估合作双方在创新能力方面的效果。包括公共服务机构与私人企业合作是否能够激发创新思维，推动服务模式、技术、管理等方面的创新和进步。

（五）绩效评估效果

评估合作双方在绩效评估方面的效果。包括公共服务机构与私人企业合作的绩效评估机制是否能够客观、全面地评估合作效果，提供参考和改进的依据。

第三节 评价指标体系初建

一、体育公共服务公私合作评价指标体系价值研究思路

通过文献梳理和理论分析,运用问卷调研法和因子分析法构建体育公共服务公私合作的评价指标体系,设计公私合作关系价值指标体系的研究思路。

(一)指标体系构建思路

指标体系的构建是为了评估和监测特定领域或目标的实现情况,并提供决策和改进的依据。通过对体育公共服务公私合作运营模式分析得出的结论,鉴于此构建体育公共服务评价指标体系的思路,如图 6 所示。

可以看出,体育公共服务公私合作指标体系构建步骤如下:

首先,确定研究对象,通过对体育公共服务公司合作中影响因子的层级分析,进而确定要素层指标,而研究对象和分析影响因子及要素层指标的确定都归咎于公司合作主体。

其次,通过上述影响因子的分析和要素指标的确定,再进行构建层级结构和初选指标的筛选,基于此,进行相关问卷的设计、下发、填写和收集,紧接对数据处理(信效度分析),继而分析体育公共服务公司合作发展中的影响因素,确定主成分因子且对各级指标确定最终的规整。

最后,对各级指标进行权重计算。但是,在此流程结构中,不能忽视两点"循环",其一,构建层级结构和初级指标以及问卷的设计,应该是在公共服务决策中部署的;其二,在对数据进行信效度检验后,若不符(信效度不合格),需要返回至"分析影响因子和要素层指标的确定"此步骤,

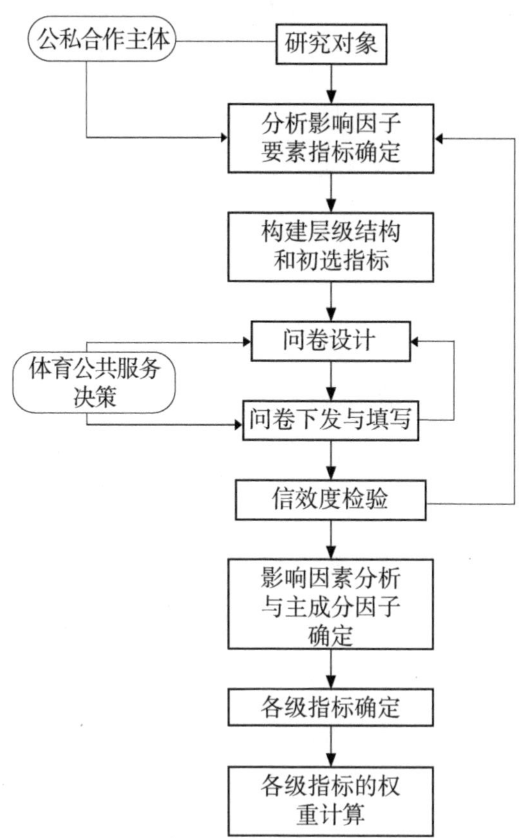

图 6　体育公共服务评价指标体系的思路

依此循环。

(二)指标体系层次

我们把体育公共服务公私合作指标体系初步分为:研究对象层、要素层、主成分因子层、指标层,其建立的层次结构,如图 7 所示:

1. 第一层次:研究对象层

体育公共服务的对象是整个社会公众,包括各个年龄段的人群,不同性别、职业、地域的人群等。研究对象层需要确定公共服务对象的范围和特点,以便为其提供适宜的体育服务。研究对象层需要明确公私合作主体的角色和职责,包括政府部门、体育组织、企业、社会组织等,以便建立合作机制和优化资源配置。研究对象层需要研究和设计公私合作的机制和模式,包括合作协议、资源共享、利益分配等方面的内容,以便建立有效的合作框架和机制。研究对象层需要评估和监测公私合作的效果和影响,包括服务质量、市场竞争力、社会效益等方面的指标,以便优化合作策略和提升服务水平。

2. 第二层次:核心要素层

指体育公共服务公私合作指标体系的主要内容和关键要素。核心要素层主要包括以下几个方面:第一,目标定位:明确体育公共服务公私合作的目标和定位,确定公私合作的重点领域和重要任务,为指标体系的建设提供指导。第二,政策法规:建立健全相关的政策法规体系,明确公私合作的法律依据和规范,为公私合作提供法律保障。第三,组织机制:建立健全的组织机制,明确公私合作的组织架构和职责分工,确保公私合作的有效运行。第四,资金投入:设立专项资金,增加对体育公共服务公私合作的资金支持,确保公私合作项目的顺利开展。第五,人才培养:加强对公私合作相关人才的培养和引进,提高公私合作项目的专业水平和管理能力。第六,信息共享:建立信息共享平台,促进公私合作各方之间的信息交流和资源共享,提高合作效率。第七,评估监测:建立科学的评估监测机制,对公私合作项目进行定期评估和监测,及时发现问题并采取措施加以解决。

3. 第三层次:主成分因子层

体育公共服务公私合作指标体系的主成分因子层是指在该指标体系中,通过主成分分析方法得到的主成分因子。主成分分析是一种多变量统计方法,用于降低数据的维度,提取出能够解释原始数据方差的主要因子。体育公共服务公私合作指标体系的主成分因子层包括多个主成分因子,每个主成分因子代表了一组相关的指标。这些主成分因子可以解释原始指标之间的相关性,并提供了对体育公共服务公私合作水平的综合评估。主成分因子层的主要作用是简化指标体系,减少冗余信息,提高指标的可解释性。与此同时,主成分因子层还可以用于构建综合评价模型,对体育公共服务公私合作水平进行综合评估和排名。在体育公共服务公私合作指标体系中,主成分因子层的选择和构建需要根据实际情况和研究目的进行。一般来说,选择的主成分因子应具有较高的解释方差比例,并且能够代表原始指标的主要信息。

4. 第四层次:指标层

体育公共服务公私合作指标体系的指标层主要包括以下几个方面的指标:第一, 政府支持力度指标:包括政府对体育公共服务的资金投入、政策支持、资源配置等方面的指标,反映政府在体育公共服务中的角色和作用。第二,公共设施建设指标:包括公共体育设施的数量、质量、分布等方面的指标,反映公共设施对体育公共服务的支持程度。第三,私人投资指标:包括私人企业对体育公共服务的投资金额、投资项目、投资效益等方面的指标,反映私人投资对体育公共服务的贡献程度。第四,社会组织参与指标:包括社会组织对体育公共服务的参与程度、活动规模、服务质量等方面的指标,反映社会组织在体育公共服务中的作用和贡献。第五,体育公共服务覆盖指标:包括体育公共服务的覆盖范围、服务对象、服务内容等方面的指标,反映体育公共服务的普及程度和覆盖面。第六,体育公共服务效果指标:包括体育公共服务对社会福利、健康水平、社会和谐等方面的影响的指标,反映体育公共服务的实际效果和社会价值。

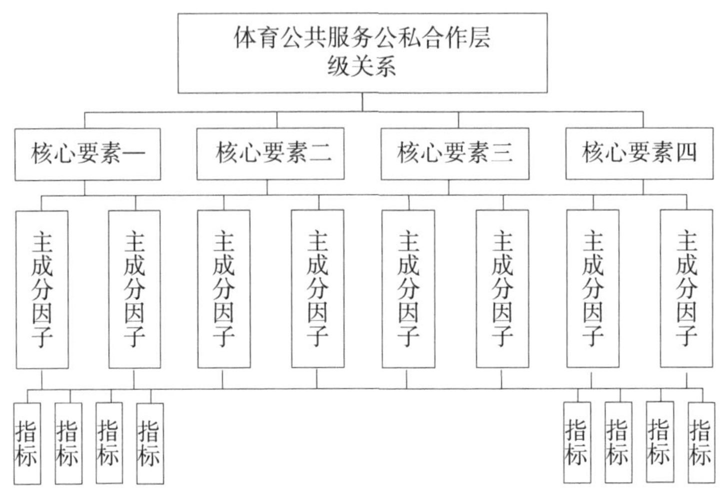

图 7 体育公共服务公私合作评价指标体系层次图

第四节 评价指标权重计算

对体育公共服务公私合作评价指标做综合评价时,各个指标对体育公共服务公私合作关系价值的作用,从综合评价目标来看,并不是同等重要的。因此,需要计算指标体系各指标的权重。根据收集的数据和指标情况,确定采用主成分分析的方法来确定体育公共服务公私合作评价指标各影响因素的权重。

主成分分析方法确定体育公共服务公私合作评价指标权重的步骤如下:

1. 收集数据

收集与体育公共服务公私合作相关的评价指标数据,包括公共服务质量、公共服务效率、公共服务创新等指标。

2. 数据预处理

对收集到的数据进行预处理,包括数据清洗、缺失值处理、异常值处理等,确保数据的准确性和完整性。

3. 计算相关系数矩阵

计算各个指标之间的相关系数矩阵,用于衡量指标之间的相关性。

4. 计算特征值和特征向量

通过对相关系数矩阵进行特征值分解,得到特征值和对应的特征向量。

5. 选择主成分

根据特征值的大小,选择主成分,通常选择特征值大于 1 的主成分。

6. 计算主成分得分

将原始指标数据与选定的主成分的特征向量相乘,得到主成分得分。

7. 计算主成分贡献率和累计贡献率

计算每个主成分的贡献率,即特征值与总特征值之比。累计贡献率为每个主成分贡献率的累加。

8. 确定权重

根据主成分的贡献率和累计贡献率,确定每个主成分的权重。权重越大,说明该主成分对评价指标的影响越大。

9. 权重归一化

将确定的权重进行归一化处理,确保权重之和为 1。

10. 根据权重进行评价

根据确定的权重,对体育公共服务公私合作进行评价,评估不同指标对公私合作的贡献程度。

需要注意的是,主成分分析方法只能用于定量指标的权重确定,对于定性指标的权重确定需要采用其他方法。同时,权重的确定也需要考虑实际情况和专家意见的综合考量。由总方差和因子荷载得出八个主成分因子的线性组合如下列公式所示：

$$F_j = \beta_{1j} \times \chi^1 + \beta_{2j} \times \chi^2 + \beta_{3j} \times \chi^3 + \beta_{4j} \times \chi^4 + \beta_{5j} \times \chi^5 + \cdots\cdots \beta_{nj} \times \chi^n;$$

其中 $\beta_{nj} = Z_{nj} / \sqrt{\lambda_j}$ 。

式中：F_j——第 j 个主成分因子(j1、2、3、4、5、6、7、8)；

χ_n——第 n 个指标(n=1、2、3、4、5……25)；

β_{nj}——第 j 个指标在 Fj 中的系数；

Z_{nj}——第 j 个主成分因子对第 n 个指标的荷载值；

λ_j——第 j 主成分因子对应的特征值。

第一，把各主成分的方差贡献率看作不同主成分的权重，再对主成分的线性组合计算，可以算出每个指标的权数。

$$\omega_n = \sum_{j=1}^{8} \beta_{nj} \times \varepsilon_j / \sum_{j=1}^{8} \varepsilon_j$$

式中：ω_n——第 n 个指标的权数(n=1、2、3、4、5……25)；

β_{nj}——第 n 个指标在 F 中的系数；

ε_j——第 j 个主成分因子的方差贡献率。

第二，把每个指标的权数归一化，得到每个指标的权重。代入数据，解出各指标权数和权重，见表 1 所列：

表 1 各指标权数和权重

指标	综合系数(β)	权重(μ)
企业融资能力	0. 025	0. 041
体育公共服务运营财务风险	0. 075	0. 055
体育公共服务公私合作持续力度	0. 056	0. 051
政府对公私合作的支持态度	0. 210	0. 038
公众对体育公共服务的满意度	0. 100	0. 051
公私合作中企业的组织能力	0. 389	0. 024
第三方监管机制	0. 035	0. 038
体育公共服务产量增加	0. 125	0. 044
体育公共服务公私合作的法律体系	0. 039	0. 054
公私合作主体的构架	0. 200	0. 041
政府的监管能力	0. 093	0. 051
公私合作中纠纷协调机制	0. 236	0. 022
政府监管机制	0. 078	0. 055
体育公共服务质量精准供给	0. 084	0. 046
公私合作中企业的社会公信力	0. 012	0. 042
社会的支持对公私合作效果的影响	0. 110	0. 025
公私合作的经济效益	0. 025	0. 073
公私合作的社会效益	0. 012	0. 012
体育公共服务中企业的管理能力	0. 159	0. 062
公私合作风险管理能力	0. 106	0. 056
合作方资源、信息共享进程	0. 084	0. 048

最后得出体育公共服务公私合作评价指标和权重分配，见表2所列：

表2 体育公共服务公私合作评价指标和权重分配

评价对象：体育公共服务公私合作(A)

要素	权重	因子	权重	指标	权重
社会价值(B1)	0.298	项目持续性(C1)	0.185	企业融资能力(D1)	0.041
				体育公共服务运营财务风险(D2)	0.055
				政府对公私合作的支持态度(D3)	0.051
				体育公共服务公私合作持续力度(D4)	0.038
		社会满意度(C2)	0.113	公众对体育公共服务的满意度(D5)	0.051
				公私合作中企业的组织能力(D6)	0.024
				第三方监管机制(D7)	0.038
合作价值(B2)	0.267	信息公开与体系完善(C3)	0.139	体育公共服务产量增加(D8)	0.044
				体育公共服务公私合作的法律体系(D9)	0.054
				公私合作主体的构架(D10)	0.041
		社会监管(C4)	0.128	政府的监管能力(D11)	0.051
				公私合作中纠纷协调机制(D12)	0.022
				政府监管机制(D13)	0.055
成果导向(B3)	0.198	公共服务供给能力(C5)	0.113	体育公共服务质量精准供给(D14)	0.046
				公私合作中企业的社会公信力(D15)	0.042
				社会的支持对公私合作效果的影响(D16)	0.025
		公共服务效益(C6)	0.085	公私合作的经济效益(D17)	0.073
				公私合作的社会效益(D18)	0.012

续表

要素	权重	因子	权重	指标	权重
能力价值(B4)	0.237	运营能力(C7)	0.189	体育公共服务中企业的管理能力(D19)	0.062
				政府对体育公共服务公私合作的满意度(D20)	0.071
				公私合作风险管理能力(D21)	0.056
		建设能力(C8)	0.048	合作方资源、信息共享进程(D22)	0.048

第五节　评价指标体系确定

一、目标效果

体育公共服务公私合作的目标效果是通过公共和私营部门之间的合作,实现体育服务的提供和推广,以达到以下几个方面的效果。

1. 提高体育服务的质量和覆盖范围

公私合作可以整合公共和私营部门的资源和优势,提高体育设施的建设和管理水平,扩大体育服务的覆盖范围,满足更多人群的体育需求。

2. 促进体育产业的发展

公私合作可以促进体育产业的发展,吸引私营资本和企业参与体育服务的提供和运营,推动体育产业的创新和升级,增加就业机会和经济效益。

3. 提升体育服务的专业化水平

公私合作可以引入私营部门的专业知识和管理经验,提升体育服务的专业化水平,提高教练员和运动员的培训水平,推动体育竞技水平的提高。

4. 丰富体育服务的内容和形式

公私合作可以通过创新体育服务的内容和形式,开展多样化的体育活动和赛事,满足不同人群的体育需求,提高体育参与的积极性和满意度。

5. 增强社会公益性和可持续发展

公私合作可以将体育服务与社会公益事业相结合,开展体育公益活动和社会责任项目,提高体育服务的社会效益,促进体育事业的可持续发展。

二、活动项目

1. 体育赛事组织

公共服务机构与私营企业合作举办各类体育赛事,如足球比赛、篮球比赛等。公共服务机构提供场地和设施,私营企业提供赞助和组织运营。

2. 健身活动推广

公共服务机构与私营健身俱乐部合作,共同推广健身活动,如组织健身课程、健身挑战赛等。公共服务机构提供宣传渠道和资源支持,私营健身俱乐部提供专业指导和场地设施。

3. 体育设施建设与管理

公共服务机构与私营企业合作建设和管理体育设施,如运动场馆、游泳馆等。公共服务机构提供土地和资金支持,私营企业负责设施建设和日常管理运营。

4. 青少年体育培训

公共服务机构与私营体育培训机构合作,共同开展青少年体育培训项目。公共服务机构提供教练资源和培训计划,私营体育培训机构提供专业教练和培训场地。

5. 社区体育活动

公共服务机构与私营企业合作组织社区体育活动，如街头篮球比赛、社区健身活动等。公共服务机构提供活动场地和宣传支持，私营企业提供奖品和赞助。

6. 体育旅游推广

公共服务机构与私营旅游企业合作，共同推广体育旅游项目，如跑步旅游、登山旅游等。公共服务机构提供线路规划和宣传支持，私营旅游企业提供服务和资源支持。

7. 健康管理服务

公共服务机构与私营健康管理机构合作，共同提供健康管理服务，如体检、营养咨询等。公共服务机构提供健康宣传和资源支持，私营健康管理机构提供专业服务和设施。

8. 体育教育项目

公共服务机构与私营教育机构合作，共同开展体育教育项目，如学校体育课程、体育培训班等。公共服务机构提供教材和教育资源，私营教育机构提供教学和培训场所。

三、资源投入

体育公共服务公私合作中的资源投入是指政府与私营部门合作，在体育公共服务领域共同投入资源以实现共同目标。这种合作模式可以提供更多的资源和专业知识，促进体育公共服务的发展和提高。在资源投入方面，公私合作可以包括以下几个方面：第一，资金投入；第二，设施建设；第三，人才培养；第四，项目推广；第五，运营管理。通过公私合作的资源投入，可以充分发挥政府和私营部门的优势，实现资源的共享和互补，推动体育公共服务的发展和提升。同时，公私合作也可以促进体育产业的繁荣和经济效益的提高。

四、参与合作

体育公共服务公私合作的参与合作主要包括政府、企业和社会组织三个主体。

政府参与合作是体育公共服务的重要主体，通过政府的领导和组织，制定相关政策、规划和标准，提供公共设施和场地，承担一定的运营和管理职责，确保体育公共服务的顺利运行。企业参与合作是体育公共服务的重要支持力量，通过投资和提供资金支持，参与体育设施的建设和维护，开展体育赛事和活动，提供专业的体育培训和指导，推动体育产业的发展，并与政府和社会组织合作，共同推动体育公共服务的实施。社会组织参与合作是体育公共服务的重要补充力量，包括体育协会、社会团体、公益组织等，通过组织和开展各类体育赛事、活动和培训，提供社会服务和公益支持，发挥社会力量的优势，满足不同群体的体育需求，促进全民健身和体育文化的传播。

公私合作的参与合作需要政府、企业和社会组织之间建立合作机制和协调机构，明确各方的责任和权利，共同制定合作计划和目标，实施合作项目和活动，确保合作的顺利进行和效果的实现。与此同时，还需要建立信息共享和沟通渠道，加强合作的监督和评估，提高合作的效率和质量，实现公私合作的共赢与可持续发展。

五、制度管理

体育公共服务公私合作的制度管理是指政府与私营部门合作提供体育公共服务的管理机制和制度。它涉及政府、市场和社会力量的合理组织和协调，以达到提供高质量的体育公共服务的目标。

六、指标确定

体育公共服务公私合作评价指标的确定是在当前社会经济发展、体育事业发展和社会需求变化的背景下进行的。当前社会经济发展已经进入了一个高速发展的阶段,人民生活水平不断提高,对体育健康的需求和关注度也日益增加。与此同时,社会对体育公共服务的需求也不再局限于传统的体育场馆设施和赛事组织,更加注重体育健康产业的发展和社会效益的提升。

近年来,体育产业化、市场化和社会化的发展趋势明显,私营企业和社会组织参与体育事业的力量日益增强。公共体育服务的提供主体已经不再局限于政府,私营企业和社会组织也开始积极参与其中,形成了公私合作的新模式。诚然,社会需求的变化也要求评价指标的确定。传统的体育公共服务评价主要关注设施建设和赛事组织的数量和质量,而现在的社会需求更加注重体育健康的普及和公众参与度的提高。因此,评价指标的确定需要更加注重服务的社会效益、公众满意度、可持续发展等方面的考量,以适应社会需求的变化。

见表 3 所列,从体育公共服务公私合作的可持续性、社会效益、经济效益、社会参与度、创新性、管理效率、环境保护、公众认可度以及合作效果九个维度对指标体系进行构建。

表 3　体育公共服务公私合作评价指标体系(微观视阈)

指标维度	指标名称	指标作用
公私合作可持续性	经济可持续性	经济发展的方式和模式能够再长期内保持稳定和健康的状态,强调经济增长应与环境保护,社会公平和资源有效利用相协调
	社会可持续性	社会的发展能够满足当前世代的需求,同时不损害未来世代满足其需求的能力,实现社会可持续性需要政府、企业和个人的共同努力
	环境可持续性	强调经济、社会和环境之间的平衡和协调,确保资源的有效利用和保护以及减少对环境的破环
	治理可持续性	可持续性与治理之间连结,使可持续发展的概念和理论得以具象化、实用化

续表

指标维度	指标名称	指标作用
公私合作社会效益	提高公共服务质量	提升民生福祉,促进社会公平,增强政府的合法性和公信力,促进经济发展
	降低公共支出	节约资源,减轻财政压力,促进经济发展,提高政府行政效率和服务质量,激发社会活力
	促进经济发展	创造就业机会,提高人民收入水平,促进技术进步,扩大市场规模,提高国际竞争力,促进社会稳定,提高公共服务水平
	提高社会满意度	促进社会稳定,提升经济发展水平,增强社会凝聚力,提高政府治理效能,促进公平正义
	促进社会公平	实现社会正义,提高社会稳定,促进经济发展,增强社会凝聚力,保障人权和尊严,促进社会和谐
公私合作经济效益	资源优化利用	将双方的资源优势互补,实现资源的最大化利用,提高经济效益
	降低成本	提高盈利能力,提高产品价格竞争力,提高资源利用效率,提高企业的竞争力,促进企业创新和发展
	提高服务质量	提升客户满意度,增加客户忠诚度,增加客户口碑,提高企业形象,提高竞争力
	促进创新和技术进步	提升经济增长,改善生活质量,解决社会问题,推动社会进步
	激发经济增长	刺激投资,提高生产力,创造就业机会,提高消费能力,促进贸易和国际合作
公私合作的社会参与度	促进社会发展	促进经济发展,促进社会稳定,提高生活质量,促进社会公正与平等,保护环境和可持续发展
	提高公共服务质量	提升民众的生活品质,促进社会公平,增强社会安全感,促进经济发展,增强政府的合法性和公信力
	增加社会参与度	提供公平正义,维护社会秩序,促进经济发展,加强社会关系,提供公共服务
	促进社会和谐稳定	提供公平正义,加强文化教育,促进社会互助与合作,加强社会管理与治理

续表

指标维度	指标名称	指标作用
公私合作的创新性	合作模式创新	提高效率，降低成本，加强创新能力，拓展市场，提高竞争力
	解决方案创新	解决问题，提高效率，创造价值，探索新市场，增强竞争力
	投资和融资方式创新	降低融资成本，提升融资回报率，促进创新创业，促进国际合作
	管理和运营机制创新	提高效率和质量，促进创新和变革，提升竞争力，提高组织适应性和灵活性，增强员工满意度和参与度
公私合作的管理效率	目标明确度	提供方向，激励行动，提高绩效，促进协作，提供反馈
	指标合理性	评估绩效，指导决策，促进改进，激励和约束
	数据收集与分析	揭示事实和真相，发现问题和挑战，提供决策依据，预测发展趋势，优化业务流程和效率，支持科学研究和创新
	反馈与改进机制	增强企业与用户之间的沟通和互动，建立良好的用户关系，提升品牌形象和声誉
公私合作的环境保护	资源共享	提高资源利用效率，降低成本，促进合作与创新，促进可持续发展，
	技术创新	推动经济发展，改善人们生活，保护环境和解决社会问题
	责任共担	促进社会公平、和谐和经济发展，提高服务质量，增强政府责任，是假设和谐社会和实现可持续发展的重要手段
	效率提升	提高生产力，降低成本，提高质量，增强竞争力，提升员工满意度
	社会参与	增强社会凝聚力和社会和谐，提升个人发展和成长，推动社会变革和进步，增强民主意识和民主参与，解决社会问题和满足社会需求
公私合作的公众认可度	公私合作的公众认可	公私合作的公众认可度取决于合作项目的目标和意义，合作双方的信誉和声誉，以及合作过程的透明度和公正性。

续表

指标维度	指标名称	指标作用
公私合作效果	资源整合效果	整合不同的资源,实现资源的优化配置和重复利用,从而提高资源的利用效率
	服务覆盖效果	提高服务的可及性,促进经济发展,提高社会公平性,提高生活质量
	社会影响效果	规范行为,形成社会认同,塑造态度和信念,增加合作和共享行为,影响消费行为
	创新能力效果	提高企业竞争力,创造新的商业机会,提高效率和降低成本,增加企业盈利能力,增加员工满意度和忠诚度
	绩效评估效果	促进员工发展,优化组织运营,识别高绩效和低绩效员工,促进沟通和反馈

第六章　体育公共服务公私合作评价指标体系应用

第一节　数据获得

根据第五章第五节构建的体育公共服务公私合作评价指标体系(微观视域),通过设计问卷调查,获取受众对体育公共服务公私合作的评价和意见,并结合实地观察体育公共服务公私合作的实际运行情况,了解各方的合作程度和效果,记录相关数据进而分析本研究环节所需要的信息。总体数据的克隆巴赫系数(Cronbach´s alpha)系数是 0.921(大于 0.8,数据可信度很好),Kendall's W 测试下 Chi-Square 值是 493.50,P 值(sig)为 0.000,说明本次问卷调查的数据具有足够的可信度,可以作为进一步分析的依据。

首先去除均值小于 2.5 的指标,表 4 列出了所有样本对各影响因素的重要性的排名,结果表明如下几点:

第一,影响体育公共服务公私合作最重要的因素是政府与企业履约能力以及政府对合作的态度,政府和企业之间的合作需要双方能够履行合同中的责任和义务,确保合作项目的顺利进行。政府需要具备较强的执行力和管理能力,能够有效地组织和协调合作项目的实施。政府对合作的态度也是影响体育公共服务公私合作的关键因素之一。政府的支持和推动对于合作的成功与否起着至关重要的作用。政府应该积极支持体育公共服务公私合作的发展,提供政策、资金和资源支持,为合作项目创造良好的发展环境。政府的态度决定了合作的方向和力度,对合作的成功与否具有决定性的影响。此外,还有其他因素也会对体育公共服务公私合作产生影响,如双方的利益诉求是否一致、合作项目的可行性和可持续性等。只有政府和企业能够在这些方面达成共识并共同努力,才能够实现体育公共服务公私合作的目标。

第二,其次的影响因素是公私双方的沟通与协调,伙伴关系的维系和升华,需要有公正的纠纷协调机制和信息共享沟通与反馈机制,在合作关系中,双方需要及时、有效地沟通与协调,以解决问题、分享信息和取得共识。沟通与协调不仅包括日常的交流,还包括协商、协调冲突和解决问题的能力。公私合作关系需要不断地进行维护和升华,以确保双方之间的合作能够持续发展和取得更好的成果。维系和升华合作关系的方法包括定期的合作评估、共同制定目标和计划、共享资源和信息等。公正的协调机制也是影响伙伴关系的重要因素。在合作过程中,难免会出现一些纠纷和冲突,这时需要有公正的纠纷协调机制来解决问题。这样可以避免双方因为纠纷而导致合作关系的破裂,同时也能保证合作的公平和公正。信息共享沟通与反馈机制也是影响伙伴关系的因素之一。双方需要建立起信息共享的机制,及时分享合作过程中的信息和数据,以便更好地了解对方的需求和期望,从而做出相应的调整和改进。与此同时,双方也需要建立起反馈机制,及时反馈合作过程中的问题和建议,以促进合作的持续改进和提高效果。

第三,最后第三方监管、公众的支持对合作有效性的影响排名相对靠后,因为这些因素在合作过程中的作用不够明显,或者合作的成功更多地依赖于其他因素,如合作伙伴之间的信任、共同目标的一致性和有效的沟通等。尽管如此,这些因素仍然可以对合作产生一定的影响,特别是在解决争议、提供反馈和促进合作伙伴之间的互动方面。因此,在合作中仍然需要考虑和重视这些因素的作用。

表4　重要指标性列表

影响因素	极小值	极大值	均值	方差
政府职权能力	1	5	4.63	0.532
政府对“公私合作”的态度	1	5	4.35	0.456
企业职权能力	1	5	4.58	0.458
体育公共服务公私合作的法律体系	1	5	3.96	0.546
企业融资能力	1	5	4.89	0.586
公正的协调机制	1	5	3.86	0.468
运营的可持续性	1	5	4.35	0.498
财务风险管理	1	5	4.26	0.582
合作主体的沟通与反馈	1	5	4.27	0.521
合作各方信息共享能力	1	5	4.27	0.675
行政监管机制	1	5	3.86	0.632
运营管理能力	1	5	3.15	0.586
公共服务的质量成效	1	5	3.59	0.601
合作项目的前、中、后效益	1	5	3.64	0.624
政府对合作的支持力度	1	5	4.28	0.458
公私合作中企业的工程管理能力	1	5	4.59	0.459
公私合作中企业的社会公信力	1	5	4.75	0.452
体育公共服务的社会满意程度	1	5	4.28	0.581
第三方监管机制	1	5	3.19	0.512
公众对体育公共服务公私合作的效度支持	1	5	3.68	0.479

第二节 研究假说

一、研究方法及路线

本书涉及的研究方法主要有三种:

(一)文献调查法

使用学术数据库(如 CNKI、WOS、Scopus 等)进行关键词检索,如“体育公共服务”“公私合作”“体育政策”等,筛选相关文献。根据研究目的,对检索到的文献进行筛选,包括查看摘要和关键词,确定是否符合研究主题。对筛选出的文献进行仔细阅读,了解体育公共服务公私合作的相关理论、政策和实践。对阅读过的文献进行总结,提取出重要的观点、理论和实证研究结果,进行分析,找出研究中存在的问题、不足和争议,提出自己的观点和思考。并将分析的结果进行整理,撰写文献综述,包括介绍研究背景、目的和方法,总结研究结果和结论,提出未来研究的方向和建议。

(二)问卷调查法

通过设计一份问卷,向相关的组织、机构和个人发放,以了解他们在体育公共服务方面的合作情况、存在的问题和改进的建议。

(三)案例分析法

通过对具体案例进行深入研究和分析,来探讨体育公共服务公私合作的有效模式和经验教训的方法。案例分析法的基本步骤包括以下五个方面:第一,选择案例:根据研究目的和问题,选择与体育公共服务公私合作相关的具体案例。案例可以是成功的合作案例,也可以是失败的案例。第二,收集案例资料:搜集与选择的案例相关的资料,包括相关文献、报告、统计数据等。同时,也可以进行实地调研,采访相关人员,获取更多的信息和细节。第三,分析案例:对收集到的案例资料进行分析,探讨公私合作的背景、目标、合作模式、组织结构等方面的情况。第四,归纳总结:在分析案例的基础上,归纳总结体育公共服务公私合作的有效模式和经验教训,提炼出合作的关键成功因素,分析合作中存在的问题和失败原因。第五,提出建议:根据归纳总结的结果,提出对体育公共服务公私合作的建议和改进措施。从政策层面、组织层面、合作模式等方面提出具体的建议,以促进体育公共服务公私合作的发展。

通过案例分析法,可以深入了解体育公共服务公私合作的实际情况,发现问题和挑战,总结经验和教训,为今后的合作提供指导和借鉴。同时,也可以为相关研究和政策制定提供实证依据。

本书研究的技术路线图,如图 8 所示:

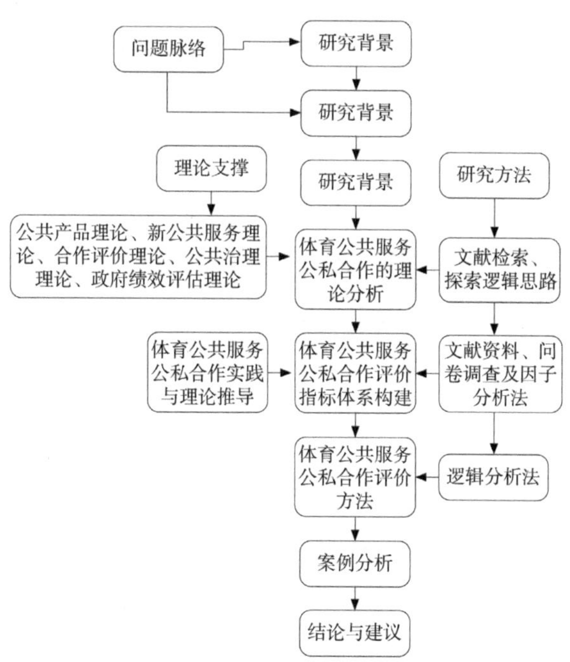

图 8　体育公共服务公式合作评价指标体系研究技术路线图

二、研究对象假定

(一)体育公共服务公私合作关系界定

体育公共服务公私合作关系的界定涉及合作方式、权责划分、利益分配、监管机制和法律保障等方面,旨在促进政府和私人部门的合作,提高体育公共服务的质量和效益。通过文献梳理,可以看出公私合作关系是可以创造更高绩效和最优价值关系,价值创造就是公私合作关系客观的功能属性。

在过去的历史时期中,体育公共服务主要由国家或政府提供,体现了公共领域对体育的主导地位。政府在城市规划中设立了公共体育设施,如体育场馆、健身器材等,为公众提供体育运动的场所和设备。然而,随着市场经济的发展和社会变革,私人资本和市场力量在体育领域的作用逐渐增强。私人企业开始投资和经营体育产业,提供更多元化和专业化的体育服务,如私人健身俱乐部、体育培训机构等。这种发展趋势在城市中的商业区域和繁华地段尤为明显。在这一历史背景下,公共和私人部门之间的合作关系逐渐形成。政府通过与私人企业合作,共同投资和运营体育设施和活动,提供更多元化和质量更高的体育服务。例如,政府可以将公共体育场馆租借给私人企业进行商业运营,从中获取经济效益,同时私人企业也可以提供更好的体育设施和服务。此外,公私合作关系还可以通过政府出台相关政策和法规来促进。政府可以通过税收优惠、资金支持等方式鼓励私人企业投资体育产业,同时也可以制定监管标准,保障公共利益和市场秩序。总之,体育公共服务公私合作关系是由政府主导的公共体育服务逐渐与私人企业投资和运营的市场力量相结合的结果。这种合作关系可以提供更多元化和专业化的体育服务,同时也需要政府的政策支持和监管,以保障公众利益和市场秩序。

从空间维度来看,体育公共服务公私合作关系,主要体现在以下四个方面:第一,基础设施建设:体育公共服务需要有良好的基础设施支持,包括体育场馆、训练场地等。在这方面,公私合作可以通过政府和私人企业的合作来共同投资建设和管理基础设施,以提供更好的体育公共服务。第二,运动场地分布:体育公共服务的运动场地应该分布均衡,覆盖到城市和农村的各个区域。公私合作可以通过政府和私人企业的合作来共同规划和建设运动场地,以确保各个地区都能够享受到体育公共服务。第三,运动场馆管理:体育公共服务的运动场馆需要进行有效的管理和运营,以保证设施的良好使用和维护。公私合作可以通过政府和私人企业的合作来共同管理和运营运动场馆,以提供更好的服务和管理。第四,体育赛事组织:体育公共服务的一部分是组织各类体育赛事,以提供给公众观赛和参与的机会。公私合作可以通过政府和私人企业的合作来共同组织和承办体育赛事,以丰富公众的体育文化生活。

从时间维度来看,结合我国体育公共服务的特点,其公私合作关系构架的周期可分为(如图9所示)"合作关系孕育期",在这个阶段,双方通过沟通、协商和筹划等方式,探讨合作的可行性和目标,并制定合作的具体方案和计划。在孕育期阶段,双方需要进行初步的接触和了解,明确各自的需求和利益,并寻找双赢的合作方式。同时彼此共同研究市场需求和发展趋势,分析合作的潜在风险和机会,并制定合作的具体目标和计划。"合作关系谈判期",该阶段是指在体育公共服务领域中,政府和私人部门之间就合作关系进行谈判的阶段。在此阶段,双方就合作的具体内容、方式、期限、分工等进行协商和讨论。谈判期的重点是确定公共服务提供者和私人部门的角色和责任。政府通常会承担公共服务的规划、监管和资金支持等职责,而私人部门则提供专业知识、技术和管理经验等资源。"合作关系全面合作期",全面合作期的关键是建立公平、平等、互利的合作关系,充分发挥公共机构和私人机构的优势和特长,实现合作共赢。通过公私合作,可以充分利用私人机构的市场运作能力和创新力,提高体育公共服务的效率和质量,满足社会对体育的需求,促进体育事业的可持续发展。

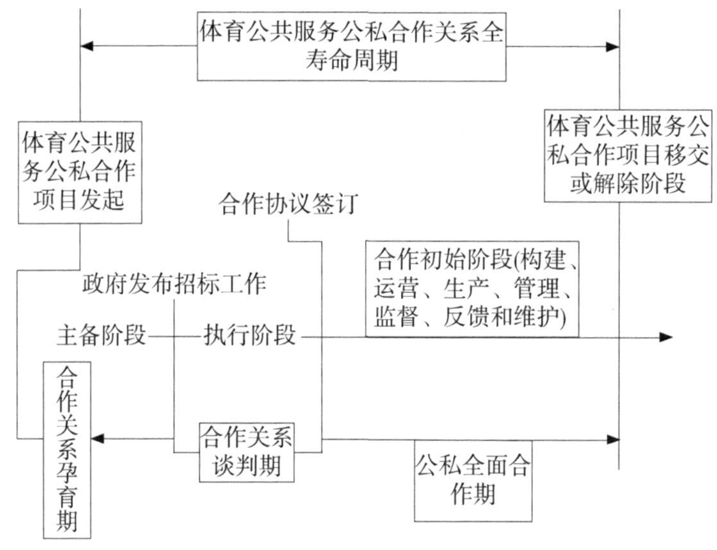

图 9　体育公共服务公私合作关系全寿命周期

三、价值创造假定

价值创造与价值的概念一样存在很大的争议,迈克尔·波特(Michael E. Porter)最早从公司战略的角度认为企业的根本任务就是价值创造,使企业价值与社会价值最大化;布莱恩·鲍里斯(Bryan Borys)和戴维·杰米森(Dave Jemison)认为,价值创造就是两个公司的优势资源共享合作完成单一公司无法完成的任务;刘学梅(2012)从企业间伙伴关系的角度,价值创造是企业伙伴间资源整合、优化、扩展过程中产生价值。

通过综合分析上述学者研究得出:价值创造强调的是在经济活动中创造价值的过程和结果。它关注的是如何通过提供有用的产品或服务,使消费者或客户得到满足,并从中获得经济效益。价值创造可以通过提高效率、降低成本、改进产品或服务质量等方式实现。创造价值则更加强调的是创新和创造力。它关注的是如何通过创新的想法、方法或产品，为社会或市场创造新的价值。创造价值可能涉及研发新技术、设计新产品、开辟新市场等创新活动。它强调创造者的能力和创新的推动力。因此，价值创造更加注重经济效益和市场反应，而创造价值更加注重创新和创造力。两者是相互关联的，价值创造可以通过创造价值的活动来实现，而创造价值也需要价值创造的支持才能得到认可和回报。

体育公共服务公私合作价值创造是指通过公私合作，实现体育公共服务的可持续发展。在现代社会中，体育已经不仅仅是一项娱乐活动，而是与健康、教育、社会和经济发展等诸多领域密切相关。第一，实现资源优化配置：整合政府、企业和社会组织等各方的资源，共同投入到体育公共服务的建设和运营中，实现资源的优化配置和最大化利用，提高服务的质量和效率。第二，提供多元化服务：促进不同主体之间的合作与协作，提供多元化的体育公共服务，满足不同群体的需求。例如，政府可以提供基础设施建设和政策支持，企业可以提供专业化的培训和赛事组织，社会组织可以提供社区体育和健康促进活动。第三，增强社会责任感：促使企业和社会组织等私人部门更加关注社会责任，通过参与体育公共服务的提供和管理，回馈社会，提升企业形象和社会影响力。第四，推动体育产业发展：促进体育产业的发展，通过合作创新，推动体育产业链的延伸和升级，培育新的经济增长点。例如，政府可以提供政策支持和市场准入，企业可以投资体育产业项目，社会组织可以提供专业化的服务和支持。第五，增强社会凝聚力和文化传承：通过体育公共服务的提供和推广，增强社会凝聚力，促进社会和谐稳定。体育作为一种文化传承和交流的方式，可以通过公私合作的方式，传承和弘扬优秀的体育文化，促进文化多样性和交流。综上所述，体育公共服务公私合作的发展要义是通过公私合作实现资源优化配置，提供多元化服务，增强社会责任感，推动体育产业发展，增强社会凝聚力和文化传承，最终实现体育公共服务的可持续发展和价值创造。

体育公共服务公私合作创造价值是指通过公共和私人部门的合作，共同为社会提供体育服务，创造社会、经济和健康方面的价值。首先，体育公共服务公私合作可以促进社会发展。公共部门可以制定政策和提供基础设施，而私人部门可以提供专业的运营和管理经验。通过合作，可以更好地满足社会对体育服务的需求，推动体育事业的发展，提升国民素质和幸福感。其次，体育公共服务公私合作可以创造经济价值。体育产业是一个庞大的市场，涉及体育设施建设、体育用品制造、体育赛事组织等多个领域。公私合作可以促进体育产业的发展，创造就业机会，增加税收收入，推动经济增长。最后，体育公共服务公私合作可以促进健康和社会福祉。体育活动对于个人的身心健康具有重要作用，而公共部门通过提供体育设施和活动，可以让更多人参与体育运动，改善整体健康状况。私人部门则可以提供专业的培训和指导，提高体育活动的质量和效果。通过合作，可以提升社会福祉水平，减少医疗资源的压力。综上所述，体育公共服务公私合作创造价值的时代要义是通过公私合作，共同推动体育事业的发展，创造社会、经济和健康方面的价值。这种合作模式可以促进社会发展，创造经济价值，提高健康水平，提升社会福祉。

四、评价方法假定

所谓评价指的就是确实研究对象的核心属性，并将核心属性转化为客观定量数值或者主观效用等级的过程，评价就是发现、揭示事物的价值的行为。关于评价的步骤国内外研究基本一致，一般分为五个步骤：确定评价对象、明确属性和目标、确定评价的标值、综合评价、评价结果报告。由此可以确定体育公共服务公私合作的评价步骤，如图 10 所示。

评价运用最广的就是综合评价，综合评价是一种将多个方面的评价因素综合起来进行评价的方法。它能够全面地考量一个事物或一个人各

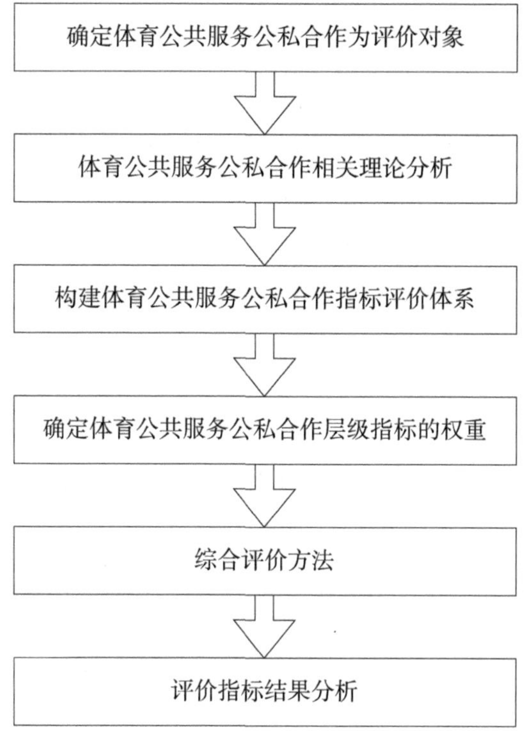

图 10 体育公共服务公私合作关系的评价步骤

个方面的优缺点，从而得出一个更为全面、准确的评价结果。综合评价方法有很多种，邱东（1991）最早在多指标综合评价方法分为常规多指标评价方法、模糊综合评判法、多元统计方法三类。常规多指标评价方法是指基于权重法、层次分析法、熵权法等传统的数学统计方法进行多指标评价的方法；模糊综合评判法是指利用模糊数学理论对多指标进行模糊化处理，然后根据模糊综合评判法进行综合评价的方法；多元统计方法是指利用主成分分析、因子分析、聚类分析等多元统计技术对多指标进行分析和综合评价的方法。这些评价方法可以根据具体项目的特点和目标进行灵活运用，从不同角度评估体育公共服务公私合作项目的价值和成效，为项目决策提供参考依据。

国际上关于体育公共服务公私合作的评价方法主要包括以下三种：经济效益法、社会效益法和综合评价法。经济效益法主要关注体育公共服务公私合作项目的经济成果，通过评估项目的投资回报率、生产效率、市场竞争力等指标来评价项目的经济效益。这种方法适用于以经济效益为主要目标的体育公共服务公私合作项目，能够客观地评价项目的财务可行性和经济效果。社会效益法主要关注体育公共服务公私合作项目对社会的影响，包括项目对就业、环境、社会公平等方面的影响。通过评估项目的社会效益，可以评价项目的可持续发展性和社会责任。这种方法适用于注重社会效益的体育公共服务公私合作项目，能够综合考虑项目对社会的积极影响。综合评价方法综合考虑了经济效益和社会效益，通过权衡各种因素来评价公私合作项目的综合效益。这种方法适用于综合考虑经济和社会效益的体育公共服务公私合作项目，能够全面评价项目的综合价值和可持续发展性。

从理论层面来看，主要涉及公共管理理论和合作理论，这些理论为体育公共服务公私合作评价提供了理论基础和方法指导。公共管理理论研究政府与市场、政府与社会组织之间的关系，强调公共部门与私人部门之间的合作与协调，用于提高公共服务的效率和质量。

合作理论研究合作关系的形成、发展和维持机制。合作理论认为合作是个体之间为了实现共同目标而进行的协调行为，强调合作可以提高资源的利用效率和实现共同利益。在体育公共服务中，公私合作是为了提供更好的体育服务和促进体育发展而进行的合作行为。

从实践层面来看，主要源于体育公共服务的发展和改革需求。随着社会的进步和人们对健康生活的追求，体育公共服务的重要性日益凸显。然而，传统的政府主导的体育公共服务模式面临着资源有限、效率低下等问题，无法满足人们对体育的多样化需求。为了改善体育公共服务的状况，公私合作成为一种重要的改革模式。公私合作是指政府与私营部门、非营利组织等合作共同提供公共服务的方式。在体育领域，公私合作可以通过政府购买服务、PPP 模式、社会组织参与等形式实现。

五、概念假定

体育公共服务公私合作是指政府和私营部门之间在体育领域合作开展公共服务的一种模式。公共服务是指政府为满足公众需求而提供的服务，而私营部门则是指商业机构或个人在市场经济中提供服务的部门。公私合作是指公共部门与私营部门之间的合作关系。公私合作的优势在于能够充分利用私营部门的资源和专业知识，提高公共服务的效率和质量。私营企业通常具有灵活性和创新能力，能够更快速地响应市场需求，提供高质量的服务。与此同时，公私合作也能够减轻政府的负担，降低公共支出，提高资源利用效率。体育公共服务公私合作的优势在于政府和私营部门各自发挥其优势，共同提供更好的体育服务。政府可以通过合作吸引私营部门的投资和专业管理，提高体育设施的建设和运营水平。私营部门则可以通过与政府合作获得政策支持和市场机会，提高自身的竞争力和盈利能力。

从伙伴关系的角度来看，意味着政府、企业和社会组织等各方共同合作，以提供更好的体育公共服务。首先，政府在体育公共服务中扮演着重要的角色，负责制定相关政策、法规和标准，提供基础设施建设和运营管理等支持。政府与私营企业和社会组织可以建立合作伙伴关系，共同投资和运营体育设施，以满足社会对体育服务的需求。其次，私营企业在体育公共服务中也能发挥重要作用。私营企业可以提供资金、技术和管理经验等资源支持，与政府合作共同开展体育项目和活动。与此同时，私营企业还可以通过赞助体育赛事、建设体育场馆等方式，提供更多的体育设施和服务。此外，社会组织如非营利机构、志愿者组织等也可以参与体育公共服务的合作。社会组织可以通过组织体育培训、推广体育文化等方式,促进体育的普及和发展。与政府和私营企业合作,社会组织可以更好地利用各自的优势,共同推动体育公共服务的提升。最后,体育公共服务的公私合作需要各方建立合作伙伴关系,共同投入资源、分享风险,以提供更好的体育设施和服务。政府、私营企业和社会组织等各方通过合作共赢的方式,可以更好地满足社会对体育的需求,推动体育事业的发展。

从价值创造的角度来看,公私合作可以整合公共和私营部门的资源,提供更多、更好的体育设施和服务,满足社会大众对体育的需求。私营部门通常具有更好的管理能力和市场运作经验,能够提供更专业、高效的体育服务,同时公共部门可以提供资金和政策支持,促进体育设施的建设和运营。现今,体育产业是一个庞大的产业链,涉及体育设施建设、体育器材制造、体育赛事组织等多个领域。公私合作可以促进体育产业的发展,带动相关产业的增长,创造就业机会,提高经济效益。通过公私合作,城市可以打造更多的体育品牌赛事和体育文化活动,提升城市的形象和吸引力。这不仅可以吸引更多的游客和投资,还可以增强市民的归属感和自豪感,提高城市的整体竞争力。鉴于此,公私合作可以通过组织更多的体育活动,提供更多的参与机会,促进社会各个群体之间的交流和沟通,减少社会矛盾和冲突。总之,体育公共服务公私合作可以通过整合资源、促进经济发展、提升城市形象和社会和谐稳定等方面创造价值,成就多方共赢的局面。

从公共产品理论的角度来看,体育公共服务是一种典型的公共产品,因为它具有非竞争性和非排他性的特点。

(一)体育公共服务具有非竞争性

这意味着一个人的体育活动不会减少其他人的体育活动的可用性。例如,一个人参加了一场足球比赛,并不会导致其他人无法参与或享受足球比赛。体育公共服务的非竞争性使得它能够同时满足多个人的需求。

(二)体育公共服务具有非排他性

这意味着无法排除任何人参与或享受体育活动的权利。任何人都可以通过购买门票或参加免费的体育活动来享受体育公共服务。这种非排他性使得体育公共服务能够为社会的所有成员提供均等的机会。在体育公共服务中,公私合作可以提供更好的服务和资源。私营部门可以通过投资和经营管理来提供高质量的体育设施和服务,而公共部门可以通过政策制定和资源分配来支持和促进体育公共服务的发展。公私合作可以充分利用私营部门的市场机制和效率,同时确保公共利益的实现。

从关系契约理论的角度来看,体育公共服务公私合作可以被视为政府与私营部门之间的一种契约关系。根据关系契约理论,契约关系是一种基于互惠和相互依赖的合作关系,双方在合作中共同追求利益最大化。在体育公共服务中,政府作为主导者和监管者,承担着提供体育设施、组织赛事、培养运动员等责任。而私营部门则通过提供投资、技术、管理等资源,与政府合作共同实现体育公共服务的目标。公私双方建立合作关系维持要以正式契约为基础,关系契约为补充,信任与合作为核心,如图11所示。

综上所述,体育公共服务公私合作可以通过契约来明确双方的权利和义务,建立互信和共赢的合作关系,规范双方的行为和责任,从而实现合作双方的利益最大化。

六、形成机理假定

通过对体育公共服务公私价值本质内涵的分析,基于逻辑发展观视角得出体育公共服务公私合作发展价值的形成机理,如图12所示。以体育公共服务公私合作价值最大化目标为契入点,实施过程包含政策、资金、产权、人才、信息和管理等要素的输入,通过合作环境子要素(政策背景—监管系统—社会演进)进行谋划全局。首先,在政府部门、社会群体

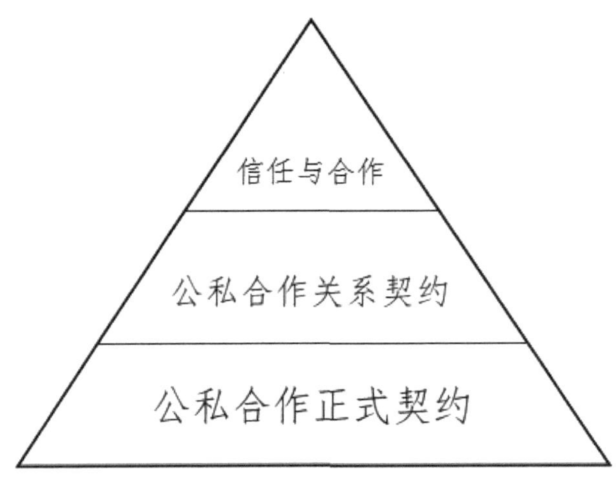

图 11 体育公共服务公私合作关系维持基础

和企业投资方三者的建构下,以信任与合作、关系衔接和正轨运行,达到建立合作管理机制;其次,引入"公共经济效益+""公共服务产品+""公共服务质量+",分别对应政府与市场资本经济效益分配、政府与公众满意度和政府与市场执行力。通过评估、合作协议、管理和监督,对体育公共服务公私合作过程子要素进行构建,进而完善公私合作运营全过程,并以降低风险、减少投资和用户满意为着重点,最后以社会价值最大化为发展导向。

体育公共服务的本质内涵是为社会提供身体健康、娱乐休闲、社交互动等多方面的服务,既有公共性,也有私人性。公共性体现在体育公共服务的目标是为整个社会的公众提供服务,满足公众的需求;私人性体现在体育公共服务的提供者是私营机构或个人,他们通过提供体育设施、培训课程、竞赛活动等来获取经济利益。公私合作伙伴关系的形成机理可以从逻辑观的角度来理解。体育公共服务的提供者和公众是体育系统中的两个重要组成部分,彼此之间存在着相互依赖和相互作用的关系。

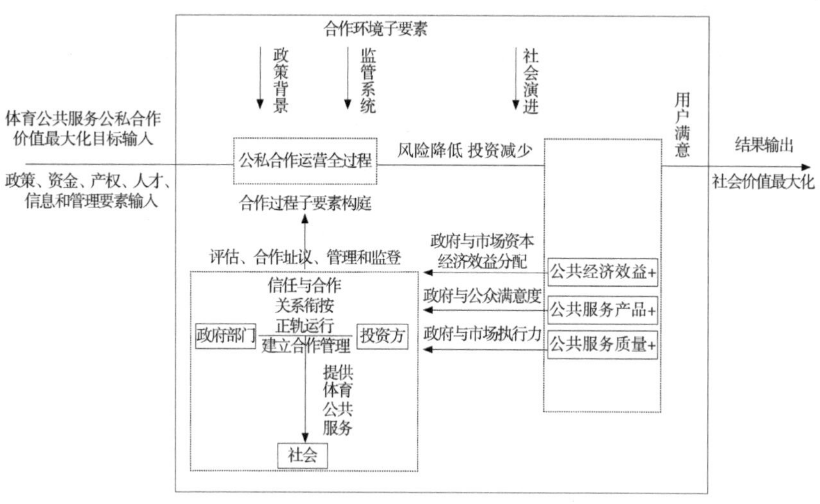

图 12　体育公共服务公私合作初始脉络路径

第三节　研究设计

一、问卷设计

本书的研究数据来源于问卷调查。问卷设计主要步骤如下：

第一，确定研究目的和研究对象：明确研究的目的是评价体育公共服务的公私合作情况，确定研究对象是哪些参与体育公共服务的公共部门和私营部门。

第二，制定调查问题：根据研究目的，设计一系列能够反映体育公共服务公私合作情况的问题。问题可以包括公共部门和私营部门之间的合作形式、合作程度、合作效果等方面。

第三，设计问卷结构：根据问题的性质，设计问卷的结构。可以采用多种形式，如选择题、填空题、评分题等。要确保问题的顺序合理、逻辑清晰。

第四，编写问卷内容：根据问题的结构，编写具体的问题内容。问题的表述要简明扼要，意思清晰，避免使用模棱两可的词语。

第五，设计调查表头和说明：在问卷的开头，设计表头和调查说明。表头可以包括调查的时间、地点等信息。调查说明可以包括问卷的目的、保密性等提示。

第六，进行问卷预测试：将设计好的问卷进行预测试，找出可能存在的问题和不合理之处，并进行修正。

第七，正式调查：根据研究对象，选择合适的调查方式进行正式调查，如面对面采访、电话访问或在线调查等。

第八，数据分析和结果呈现：收集完问卷数据后，进行数据分析。可以使用统计软件进行数据分析，计算得到相应的评价指标。最后将结果以图表、表格等形式进行呈现。

第九，解读和讨论结果：根据数据分析的结果，进行解读和讨论。分析公共部门和私营部门之间的合作情况，评价体育公共服务的公私合作程度和效果。

第十，编写报告：根据数据分析和讨论结果，撰写评价报告。报告要包括研究目的、方法、结果和结论等内容，并提出相应的建议和改进措施。

二、调研过程

第一部分：把体育公共服务公私合作发展道路分为合作孕育期、合作谈判期和全面合作期。在体育公共服务公私合作初期，双方开始有意识地探索合作的可能性，并进行初步的接触和交流。在这一阶段，双方通过组织研讨会、座谈会等形式开展合作意向的宣传和交流，以增进了解和建立互信。在合作孕育期之后，双方进一步深入地探讨合作的具体内容和方式，并进行具体的合作谈判。双方需要明确合作目标、确定合作范围和内容、商定合作的权责分配等具体事项。在合作谈判期之后，双方正式达成合作协议，并开始全面合作的阶段。通过建立合作机制和沟通渠道，以便及时解决合作中出现的问题和困难，确保合作的顺利进行。

第二部分：问卷根据合作价值的维度把体育公共服务公私合作的维度分为经济价值、行为价值和战略价值。随着全球经济的不断发展和全球化的趋势加强，经济价值成为公共服务合作的重要维度。各国之间的经济联系越来越紧密，体育作为一个重要的经济产业，需要通过公私合作来实现经济效益的最大化。在过去，体育公共服务主要由政府提供，但随着社会的发展，人们对于体育的需求和期望也发生了变化。公私合作可以更好地满足不同人群的需求，提供更多元化的服务。诚然，资源有限是公共服务面临的普遍问题。政府单独承担所有体育公共服务的成本和责任变得越来越困难，因此，公私合作成为一种解决方案。私营部门可以通过投资和合作提供额外的资源，以支持体育公共服务的发展和提高效率。在市场经济体制下，创新和竞争是推动经济发展的重要驱动力。公私合作可以促进体育公共服务的创新，引入新的理念、技术和管理模式，提高服务质量和效率，并创造竞争优势。然而，随着政府角色的转变，从直接提供服务到监管和协调，公私合作变得更为重要。政府需要与私营部门合作，共同制定政策和规划，确保体育公共服务的可持续发展。

第三部分：把体育公共服务公私合作关系分为合作主体、合作环境、项目的建设与运营三个方面，为了更全面地考虑和分析体育公共服务的合作模式和运作机制。体育公共服务的成功与否，离不开各个合作主体的积极参与和合作。合作主体包括政府部门、社会组织、企业等，它们在体育公共服务中扮演不同的角色和承担不同的责任。而体育公共服务的实施受到各种因素的影响，包括政策环境、法律法规、社会文化等。将合作环境作为一个方面来考虑，可以更全面地分析体育公共服务的外部条件和制约因素，为合作关系的建立和发展提供有力支持。项目的建设与运营可以更具体地分析体育公共服务的实施过程和运作机制,包括资源配置、管理运营、效果评估等,有利于提高体育公共服务的效率和效果。

三、统计方法介绍

(一)基本结果统计方法

第一,统计项目参与者的数量和特征:通过统计参与合作项目的人数和人员特征(如年龄、性别、职业等),了解项目的受众群体,并评估项目的覆盖范围和社会影响力。

第二,统计项目的影响范围和影响力:通过统计项目的参与者数量、参与频率和参与程度,评估项目在社区或社会中的影响力和受益范围。

第三,统计项目的效果和成果:通过统计项目的实际效果和成果,如参与者的运动能力提升情况、身体健康状况改善情况,评估合作项目在提供体育服务方面的效果和质量。

第四,统计项目的经济效益:通过统计项目的经济投入和产出,如资金投入、社会资本投入等,评估合作项目的经济效益和可持续性。

第五,统计项目的满意度和反馈:通过统计参与者的满意度和反馈意见,评估合作项目的质量和改进空间,为未来的合作提供参考和指导。

综上所述,基本结果统计方法可以提供定量数据支持,帮助评价体育公共服务公私合作项目的效果和成果,为决策者提供科学依据。

(二)因子分析

第一,因子识别:识别出体育公共服务公私合作中的关键因素。例如,可以将参与者满意度、资源共享、沟通效果等作为因素进行分析。

第二,因素权重评估:评估每个因素对公私合作的影响程度。这有助于确定哪些因素是最重要的,并且可以为合作伙伴制定优先策略。

第三,因素解释:可以帮助解释公私合作中的因素之间的关系。例如,可以发现资源共享与沟通效果之间存在正相关关系,这意味着资源共享越多,沟通效果越好。

第四,因素改进:识别出体育公共服务公私合作中的潜在问题和改进点。例如,如果因子分析显示参与者满意度较低,可以针对这一问题采取改进措施,如提供更好的服务或改进沟通。

第四节　统计分析

一、因子分析

根据统计提供的信息,可以进行因子分析。选取了 22 个指标进行因子分析,样本的 KMO 指标为 0.804(大于 0.5),说明适合进行因子分析。在因子分析中,选择了 8 个因子模式。这 8 个因子的特征值对总方差的贡献率为 73.936%,说明这 8 个因子可以解释样本数据中大部分的变异,见表 5 所列。因子分析结果,见表 6 所列。

表 5　总方差分解

因子成分	初始特征值			未旋转因子载荷平方和			旋转因子载荷平方和		
	特征值	方差贡献率(%)	累计贡献率(%)	特征值	方差贡献率(%)	累计贡献率(%)	特征值	方差贡献率(%)	累计贡献率(%)
1	8.876	35.648	35.625	8.963	35.629	35.658	2.459	10.265	10.458
2	2.157	8.649	43.658	2.156	8.064	44.365	2.365	10.563	21.568
3	1.689	6.329	51.326	1.569	6.156	51.326	2.358	10.984	36.265
4	1.536	6.132	54.325	1.564	5.962	55.325	2.026	10.256	42.568
5	1.463	5.896	62.318	1.365	5.368	62.258	2.459	9.356	51.260
6	1.035	4.365	66.325	1.068	4.678	68.265	2.154	8.564	60.156
7	0.863	3.268	69.316	0.596	3.268	70.158	2.031	8.942	68.264
8	0.813	3.649	72.654	0.547	3.026	74.259	1.681	8.035	73.295

表6 因子分析结果

主要成分因子		具体指标	指标解释
项目持续性	因子1	企业融资能力 体育公共服务运营财务风险 政府对公私合作的支持态度 体育公共服务公私合作持续力度	公私合作的稳定、体育公共服务事业可持续性
社会满意度	因子2	公众对体育公共服务的满意度 公私合作中企业的组织能力 第三方监管机制	组织管理能力、责任与义务、维护公众的权益
信息公开与体系完善	因子3	体育公共服务产量增加 体育公共服务公私合作的法律体系 公私合作主体的构架	体育活动和健康需求的增长、实现双赢的局面
社会监管	因子4	政府的监管能力 公私合作中纠纷协调机制 政府监管机制	保障社会公共利益、公私合作顺利进行
公共服务供给能力	因子5	体育公共服务质量精准供给 公私合作中企业的社会公信力 社会的支持对公私合作效果的影响	认可和支持程度、行为和决策
公共服务效益	因子6	公私合作的经济效益 公私合作的社会效益	提高资源利用效率、推动经济发展和社会进步
运营能力	因子7	体育公共服务中企业的管理能力 政府对体育公共服务公私合作的满意度 公私合作风险管理能力	高质量体育服务、确保达到预期效果
建设能力	因子8	合作方资源、信息共享进程	提高合作效率和合作成果

二、结果分析

通过分析主成分因子与体育公共服务公私合作核心要素之间的关系，得出体育公共服务公私合作的指标体系。

（一）项目持续性

在过去，体育公共服务主要由政府机构或非营利组织提供，而私营部门在体育领域的参与相对较少。然而，随着经济和社会的发展，公私合作开始成为一种常见的合作方式。在国际社会发展加速演进下，政府面临着越来越多的社会问题和需求，体育公共服务也需要更多的资源支持。在市场企业私营部门的专业知识和资源的扩充，私营部门在经营管理和市场推广方面有着丰富的经验和资源，可以提供专业的管理和运营支持，提高体育项目的质量和可持续性。同时，私营部门也可以通过赞助和合作伙伴关系提供资金支持，帮助体育项目的发展。通过探寻公众参与和需求的变化，认证了社会的进步和人们对体育公共服务的需求会随之变化，传统的提供方式已经无法满足公众的需求。公众对更多的体育选择、更好的体育设施和更好的服务质量有了更高的期望，而公私合作可以带来更多的创新和多样化的体育项目，满足公众的需求。体育公共服务公私合作中合作项目的持续性可以归结为企业融资能力、体育公共服务运营财务风险、政府对公私合作的支持态度、体育公共服务公私合作持续力度等变化等因素的影响。这种合作方式不仅提高体育项目的质量和可持续性，还能满足公众的需求，并为体育事业的发展作出贡献。

（二）社会满意度

社会满意度是评价公共服务质量和效果的重要指标，对于体育公共服务公私合作来说，社会满意度的高低反映了合作模式的可行性和效果。公众对体育公共服务的满意度可以通过问卷调查、访谈等方式进行收集和分析。通过分析公众的反馈意见和评价，有助进一步了解公众对体育公共服务的满意度水平。如果公众对体育公共服务的满意度较高，说明体育公共服务在满足公众需求方面表现较好，社会满意度较高。公私合作中企业的组织能力对体育公共服务的社会满意度结果也有重要影响。公私合作中，企业需要具备一定的组织能力来提供高质量的体育公共服务。企业的组织能力包括人力资源、财务管理、运营管理等方面。第三方监管机制是社会满意度评价的重要指标之一，它通过监督和评估公私合作中企业的服务质量和履约情况，能够及时发现和纠正体育公共服务中的问题和不足，帮助了解体育公共服务在社会中的满意度水平。

(三)信息公开与体系完善

从体育公共服务产量增加的角度分析，信息公开与体系完善可以促进体育公共服务的提供和产量的增加。通过信息公开，公众能了解到体育公共服务的具体内容、时间、地点等信息，提高公众对体育公共服务的知晓度和参与度。同时，信息公开也可以帮助相关部门和机构更好地了解公众需求，根据需求进行有针对性的体育公共服务提供，从而提高服务的质量和效果。从体育公共服务公私合作的法律体系的角度分析，信息公开与体系完善为体育公共服务公私合作提供法律依据和保障。完善的法律体系能明确公私合作的权责分配、合作方式、纠纷解决机制等方面的规定，为公私合作提供明确的法律框架，增加公众对公私合作的了解和监督，提高合作的透明度和公正性，避免合作中可能出现的不当行为和违法行为。从公私合作主体的构架的角度分析，信息公开与体系完善有利促进公私合作主体的合理分工和互补发展。通过信息公开，公众可以了解到不同主体在体育公共服务中的角色和职责，从而更好地选择合作伙伴，形成合理的合作网络。同时，体系完善也可以明确公私合作主体之间的协作关系和合作机制，提高合作效率和效果，实现资源的优化配置和互利共赢。综上所述，信息公开与体系完善对于体育公共服务公私合作具有重要作用。通过信息公开和体系完善，可以促进体育公共服务产量的增加,为公私合作提供法律保障,推动公私合作主体的合理分工和互补发展,实现体育公共服务的优质提供和可持续发展。

(四)社会监督

首先,政府的监管能力对于体育公共服务公私合作的社会监督结果具有重要影响。政府应具备有效的监管能力,包括监督和审查合作项目的实施情况、监测合作过程中的问题和纠纷、制定合作目标和指标等。若政府监管能力不足,容易导致公私合作中的问题得不到及时解决,影响社会监督的结果。其次,公私合作中纠纷协调机制的完善程度也会对社会监督结果产生影响。公私合作中难免会出现纠纷和矛盾,需要有效的协调机制来解决。政府应建立健全的纠纷协调机制,包括设立专门的仲裁机构、制定相关法律法规和合同条款等。只有纠纷协调机制得到有效运行,才能保障公私合作的顺利进行,也能增加社会对合作结果的监督力度。最后,政府监管机制的健全与否对社会监督结果也有重要影响。政府应建立健全的监管机制,包括制定相关法律法规、设立监管机构、加强对合作项目的监督等。只有政府监管机制健全,才能有效地监督公私合作的实施情况,提高社会监督的效果。

(五)公共服务供给能力

体育公共服务的质量精准供给是公私合作中的关键因素之一。公共服务的供给能力需要与市场需求相匹配,确保提供的服务能够满足公众的需求。体育公共服务的质量包括场馆设施的完备性、运动项目的多样性、教练员的专业水平等方面。通过公私合作,私营企业可以为公共服务提供更多的资源和专业技术支持,提高服务质量。同时,公共部门可以在监管和政策引导方面发挥作用,确保体育公共服务的精准供给。体育公共服务需要依赖私营企业的投入和运作,而企业的社会公信力直接影响公众对其参与体育公共服务的认可和信任程度。企业应当注重社会责任,积极参与社会公益事业,提高企业形象和声誉。企业具备较高的社会公信力时,方能够获得公众的支持和认同,进而顺利开展公私合作,提供高质量的体育公共服务。对比上述两点要素指标,社会支持体现在公众对公私合作的认同、参与和支持程度上。公众对公私合作持有积极的态度,积极参与其中,将能够提高公私合作的效果。社会支持还表现在政府的政策支持和监管力度上,只有社会全面支持公私合作,才能够实现合作的最佳效果,提供更好的体育公共服务。

(六)公共服务效益

从经济效益的角度来看,体育公共服务公私合作可以促进体育产业的发展。私营企业在公共服务中的参与能引入更多的资金和资源,提高体育设施的建设和维护水平,增加体育活动的举办规模和质量。这将吸引更多的观众和参与者,带动体育产业链的发展,创造更多的就业机会,提高相关产业的经济效益。同时,私营企业在公共服务中的参与可以引入市场机制,提高体育活动的管理和运营效率。通过市场竞争,体育活动的组织者将更加注重活动的内容和质量,提供更好的服务,满足市场需求。这将推动体育产业的市场化发展,提高经济效益。从社会效益的角度来看,体育公共服务公私合作有助提高公众的体育参与率和体育意识。私营企业在公共服务中的参与不仅提供更多丰富多样的体育活动和服务,激发公众的兴趣和热情,还能促进公众参与体育运动的意愿和能力。私营企业在公共服务中的参与通过提供更多的体育机会和资源,满足不同人群的需求,减少资源的不均衡现象,有助于改善社会的公平性和包容性,促进社会的和谐发展。

(七)运营能力

企业的管理能力对于体育公共服务公私合作的运营结果至关重要。企业在公私合作中承担着运营和管理的责任,需要具备有效的组织、调度和协调能力。其管理能力包括人力资源管理、财务管理、市场营销等方面。在公私合作中,企业通过合理配置人力资源,确保人员的专业性和素质，提高服务质量和效率。通过对企业的管理能力进行分析，可以评估企业在公私合作中的运营能力和效果。其次，政府对体育公共服务公私合作的满意度也是评估运营能力结果的重要指标之一。政府在公私合作中扮演着监管和支持的角色，对合作项目的运营效果和社会效益有着重要的评价和决策权。政府对公私合作的满意度可以从政府的政策支持、合作项目的运营成果、社会效益等方面进行评估。最后，公私合作中亦然会存在一定的风险，如合作伙伴之间的利益冲突、运营成本的控制、服务质量的保障等。通过合理的风险管理措施，可以有效降低公私合作的风险，提高运营能力和效果。

（八）建设能力

合作方资源是体育公共服务公私合作中的重要要素。合作方资源包括财力、人力和物力等方面。通过对合作方资源的评估，可以分析合作方在合作过程中对体育公共服务的建设能力。在合作方资源方面，可以从财力、人力和物力三方面进行分析。财力方面，包括合作方的资金投入和财务状况等。合作方的资金投入是否充足，财务状况是否稳定，直接影响到体育公共服务的建设能力。人力方面，包括合作方的人员组织和管理能力等。合作方是否有足够的专业人员和管理人员，能否有效组织和管理体育公共服务项目，也是建设能力的重要因素之一。物力方面，包括合作方的场地设施和器材等。合作方是否有适当的场地设施和器材，能否满足体育公共服务的需求，也是建设能力的重要方面。在信息共享方面，可以从沟通、协调和共享等方面进行论析。沟通和协调方面包括合作方之间的沟通和协调机制等，合作方之间是否能够有效沟通和协调，能否及时解决问题，直接影响到体育公共服务的建设能力。信息的共享方面包括合作方之间的信息共享机制和信息传递渠道等，合作方之间是否能够及时共享体育公共服务相关的信息，能否有效传递信息，也是建设能力不可或缺的要素指标。

厘清了体育公共服务公私合作中整体构架思路与发展逻辑，如图12所示。

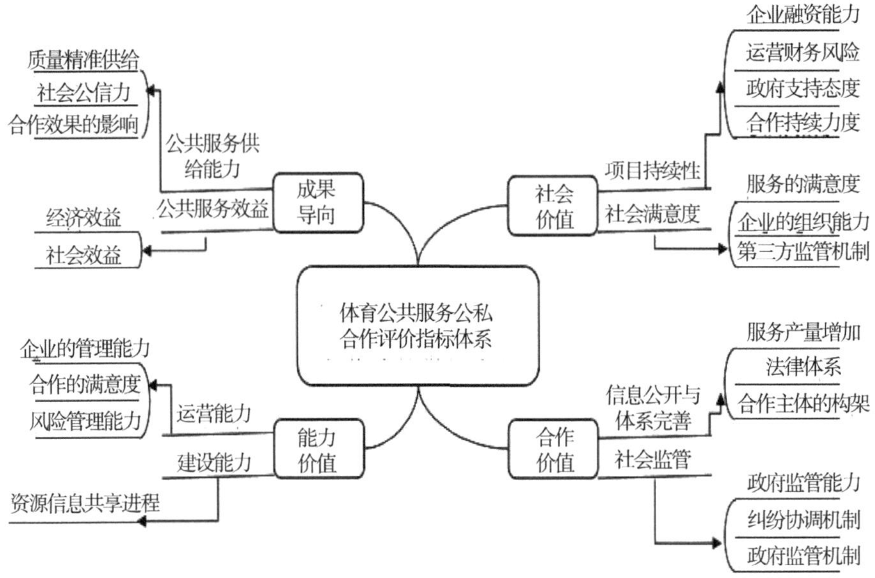

图12 体育公共服务公私合作评价指标体系发展逻辑脉络

第五节 研究结论

一、结论

体育公共服务公私合作关系是基于价值创造角度而发展，在体育公共服务公私合作中，价值创造是核心目标。政府或公共机构与私人企业等合作，通过整合资源、优化服务，提供更好的体育公共服务，满足公众的体育需求。这种合作关系有利实现资源共享、互利共赢，提高体育服务的效率和质量。鉴于此，价值创造在体育公共服务公私合作中有多个方面的体现。第一，通过合作整合各方资源，提高资源利用效率，实现资源的最优配置,从而提供更多更好的体育设施和服务。第二,合作促进创新,推动体育服务的不断升级,满足公众不断增长的体育需求。第三,合作提高服务效率、降低成本,使体育服务更加普惠和可持续。第四,合作促进体育产业的发展,带动经济增长,创造就业机会。

通过构建了4个核心要素层、8个主成分因子层和22个指标层的体育公共服务公私合作评价指标体系,对于推动体育公共服务公私合作的发展和提高其质量和效率具有重要意义。该指标体系包含了多个层次的指标,能够从不同角度评估体育公共服务公私合作的效果和影响,更全面、客观地了解体育公共服务公私合作的情况。通过构建评价指标体系,可以明确体育公共服务公私合作的目标和要求,为各方提供了一个共同的参考框架,进而提高体育公共服务公私合作的质量和效率。此评价指标体系,一方面帮助决策者了解体育公共服务公私合作的优劣势,从而制定合理的政策和措施;另一方面,该指标体系可用于比较不同地区或组织的体育公共服务公私合作情况,为决策提供参考。以核心要素层为参考,体育公共服务公私合作的首要目标是为社会提供有益的体育服务,而合作是其实现的基础。政府作为公共机构,往往面临资源有限和管理不足的问题,诚然,私人企业或非营利组织则具有更灵活的运作和管理能力。通过公私合作,政府可以借助私人企业或非营利组织的专业知识和资源,提高体育设施的建设和管理水平,提供更多更好的体育活动,满足社会大众的需求。其中,体育产业是一个具有巨大潜力的产业,涵盖了体育设施建设、体育器材制造、体育赛事组织等多个领域。通过政府与企业合作,共同推动体育产业的发展,促进就业增长和经济增长。同时,回归公私合作中体育公共服务的可持续性,政府提供体育公共服务时在一定程度上面临财政压力和资源限制,正如此,“公私合作”的优势加于显现。企业或非营利组织可通过商业模式或社会支持来提供资金和资源,与政府共同分担成本和风险,确保体育公共服务的可持续发展。

二、创新点

第一,引入多元化的评价指标:传统的评价指标主要关注体育公共服务的数量、质量和覆盖范围等方面,而创新点在于引入更多元化的指标,如社会影响力、可持续发展性、创新性等,以全面评价公私合作的效果。

第二,强调绩效评价的结果导向:将公私合作的绩效评价与目标导向相结合,不仅关注合作过程中的实施情况,还强调评价结果对社会效益的影响。此举可通过制定明确的目标和指标,以及建立相应的数据收集和分析体系来实现。

第三,强化社会参与和反馈机制:引入社会参与和反馈机制,确保公私合作的评价过程具有公正性和透明度。通过开展问卷调查、听取公众意见、组织独立评估等方式,促进公众对公私合作的评价和监督。

第四,探索创新的合作模式和机制:鼓励探索创新的公私合作模式和机制,以适应不同地区和领域的需求。可以通过建立跨部门合作机制、推动公私合作的伙伴关系、探索新的融资模式等方式,促进公私合作的创新发展。

第五,重视评价结果的应用和反馈:将评价结果应用于政策制定和决策过程中,并及时反馈给参与者和社会公众。通过组织评价结果的发布和宣传、组织座谈会和研讨会等方式,促进评价结果的有效应用和反馈。

第七章　提升体育公共服务公私合作的策略建议

第一节　政策建议

一、完善体育公共服务公私合作相关法律法规

公私合作制度化的形成最终要依赖强有力的法律法规，完善的法律法规能规范合作主体的行为，使各方利益得到保障，是公私合作有效进行的基础。我国公私合作实践大幕的开启需要相关法律法规的保驾护航，这是当前比较迫切的任务。法律必须做到完整有力、有针对性、一以贯之。从我国各地区经济社会环境来看，完善的公私合作相关法律法规应该具有不同层次，权威部门制定最有效力的顶层法律框架，规定原则性问题，其他部门或地方政府出台具体操作指南及实施细则等法规。

国内现行规范公共项目活动的法律是不完善甚至有分歧的。虽然政府已出台了不少相关政策文件和措施，还有较为成功的公私合作案例，例如，“鸟巢”体育馆的搭建和后续运营。对体育公共服务公私合作有一定的法律保障和信心基础，也对其有促进和指导作用，但是这些文件的法律地位较低，缺乏整体配套的政策和制度作为保障，使得这些政策文件的权

威性偏弱,从而易导致实行公私合作过程中的混乱。可供宣传的成功体育公共服务公私合作案例仍较少,需要通过正式的法规完善公私合作中存在的缺陷,使更多的体育公共服务公私合作可放心去推广。体育公共服务公私合作需坚持风险分担、利益共享原则,双方还需通过签订合同、协议的方式保证合作的顺利运行。因此,需要在立法的层面上,通过建规立章来规定明确公立部门和私立部门的权利、责任、义务和风险,以保障公私双方的合法地位以及合法利益,使公私合作双方在合作过程中出现问题解决起来有章可循、有据可依,从而保障合作关系的持续发展。法律法规的不完善表现为公私合作环节的定性缺失或者法律空白。例如,竞争谈判的性质和程序等就缺乏法律的规定和解释。再如,公共项目性质的归属问题,是按政府投资还是按企业投资,这涉及项目的筛选、审批、验收等程序。

最近两年,中华人民共和国财政部和发改委等中央部门以及一些地方政府陆续出台了数十个指导意见或指南,各个部门从不角度规范了公私合作,这对提振市场信心、推动公私合作发展起到积极作用。但也有消极的一面,如两个部门会有不同的侧重,财政部可能出于对缓解地方债务考虑,偏向于存量项目的公私合作,而发改委则主管新项目开展,出台的意见也会不同。这会给市场带来困惑,如果两部委的指南有相冲突的地方,地方政府工作的开展也会受到影响。此外体育公共服务的群众公益性有别于其他公共服务,合作项目的经济效益差异大,要从体育服务的视角全面看待公私合作。因此,有必要建立国家层面的法律,统一当下有些混乱的局面。从根本上来看,公共部门的行政主体和合作主体的双重身份给公私合作协议法律性质归属带来了困扰,继而有行政合同与民事合同之争。其实,这个问题并不难解决,从经济合作行为分析,合作是建立在合作主体自愿、自由、平等的基础上,因此,公私合作协议归属为民事合同应该符合合作的精神,这样既能体现公私两大部门的平等关系,让私人资本感觉不到压力,又能有效约束政府部门行为,促使公共部门信用的实现,避免公共部门以行政者的身份作挡箭牌。法律性质明确以后,体育公共服务公私合作中的相关立法也会顺利。

公私合作相关的基础性立法应包括:公私合作的界定与解释;公私合作开展的条件和流程;不同公共服务领域开展公私合作的目标和步骤;不同合作主体的职责和行为规范,特别是公共部门的行为准则;确定管理机构、执法机构、监督机构、执行机构及服务机构,明确分工和义务;各级政府部门、行业协会、社会团体等的角色和功能;合作过程中风险的处理原则;利益相关主体之间纠纷与冲突的解决机制等。基础性法律规定两大部门的合作范围与程度,权、责、利的分配原则,各部委和地方政府则制定行业或区域的法规,具体有合作伙伴的选择流程、私人部门利润获取方式与区间、行业或地区风险识别与分担比例、产品或服务质量标准等,最大限度地减少合作过程中的不确定性,有利于增强各方合作预期,有利于深化公共服务领域的市场化改革,有利于公私合作制度的建立和稳定。

公共产品供给中公私合作的利益牵涉方有三个:公共部门、私人部门和公共产品利用人。彼此之间利益摩擦与纠纷的法律关系归属不明,争端解决及相应的司法救济显得格外复杂,这是当前从法律角度研究公私合作的困境。

先看公私两大部门之间的法律关系,在前面的分析中,我们的处理原则是将公私合作契约当作民事合同,两者之间是民事法律关系,司法救济则相应地转向民事诉讼或仲裁,公私合作的可仲裁性是国外通常做法。

再看公共部门和利用人之间的关系,这两者之间的关系相对简单,即行政法律关系。疑问是公共产品所有权归属私人部门期间,公共部门是否应该承担责任。应该说,无论何时,公共部门都对公共产品负有保障的义务,是最终的责任人,消费者的利益受损公共部门难辞其咎。

因此,应对公共部门提起行政诉讼。最后看私人部门与利用人之间的法律关系。在私人部门收入来源为政府支付,私人部门不向消费者收费的情形下,两者间没有利益往来,不存在争端。如果私人部门拥有收费权而无公共产品所有权,收费权源于政府部门的授权,私人部门相当于政府部门的行政助手,私人部门与消费者之间为行政法律关系。如果私人部门在一定时期内拥有公共产品所有权,如行政特许,则私人部门为独立的市场行为主体,其与消费者之间为民事法律关系,两者间的纠纷与争端应诉诸于民事法律。由此可知,只有明确相应的法律性质,才能寻求对应的司法救济。

二、构建有效监督网络体系

有效的监督体系能减少甚至杜绝合作主体的投机行为,保障各方利益,避免风险发生后更大的治理成本。监督的本质是信息披露与信息获取,减小利益相关方信息不对称程度,使合作更加透明。透明的资源管理可以防止不当行为和腐败现象的发生,并确保资源合规、高效地被使用。从信息优劣势来看,主要是政府部门对私营部门的监督和社会公众对公私合作组织的监督。政府通过制定法律、法规和政策框架,要求私营部门提供必要的信息和数据。在监督体育公共服务公私合作中,政府部门和社会公众的监督互为补充。政府部门承担监管职能,通过制定规则、制度和监管措施来约束私营部门的行为。社会公众则通过舆论监督、投诉举报和参与评估等方式来监督公私合作组织的行为。政府部门和社会公众的监督共同构建了一个相对平衡的监督网络,促使公私合作组织遵守规则、提供高质量的公共服务,确保公共利益得到充分保护。

(一)明确公共部门职能并有效管理

加强政府引导和监管。政府应当制定相关政策和法规,明确公共服务的目标和职责,并加强对公共服务的监督和评估。通过建立健全的监督和评估机制,对体育公共服务的运营管理进行监督和评估,及时发现问题并加以解决,提高体育公共服务的质量和效益。与此同时,政府还应该鼓励和支持私营企业和社会组织参与体育公共服务,提供相应的政策和经济支持。体育公共服务中公私合作能顺利实施和持续高效开展需要政府的大力支持、有序领导和科学管理。在体育公共服务公私合作过程中,一系列合作方案的制定,如职责分工方案、经费分配方案、绩效考核方案、风险分担方案等,需要政府的参与和推进。同时基本公共卫生服务经费的投入、支付和分配以及配套的激励措施等都需要政府的大力支持才能使公私合作得以开展并持续发展。“市场出效率,政府保公平”,只有发挥政府的主导作用,进行有效的监管,才能有效保障居民的体育参与和追求健康利益不受损害。另外,政府应该改变传统观念,大力支持民间体育机构参与体育公共服务的提供,在政策制定上弱化公立偏好的观念,秉承公平、公正原则,公私一视同仁,以最大限度激发私立体育机构的参与合作的积极性。

首先,对于公共产品供给中的公私合作改革,政府部门应做的是从垄断供给的地位中退出,包括公共服务领域的退出和公共产品供给权利的让渡,引入市场竞争机制,充分发挥私人资本作用。虽然对一些超大型的公共项目而言,国有企业拥有资金、技术、管理等方面的优势,但对于大多数公共服务来说,民间部门的实力已经足够,技术资金方面是没问题的,所欠缺的是公共服务领域的进入通道和良好预期。鉴于公共投资激励的无效性,私人资本会更有效率,而且大型公共项目可分为不同小模块,有些可由民间部门承担。这样,公共部门就成为公私合作机制的构建者,如制度、政策及规划的制定,而不是公共产品的生产者与运营者。良好的制度环境是减少交易费用的有力保障。

其次,加强自身信用建设,良好信用能改善私人部门合作预期。保证公私合作实施细则落地,杜绝玻璃门、旋转门现象。兑现公共资源投入承诺,使公共项目顺利进行,私营资本实现盈利。合作过程中规范自身行为,根除放租、索租、寻租等投机行为,避免社会资源的非生产性浪费。衡量自身信用在市场经济中的价值,保持政策持续性和稳定性,严格按合同办事。

最后,发挥合作伙伴角色职能。具体有风险分担、融资担保、对公共产品价格和质量监管等。从国外经验来看,政府部门专门设有负责公私合作项目的机构,如英国和澳大利亚的财政部门都设有基础设施局。目前,财政部和发改委都致力于推动公私合作改革,两部委应进行分工合作,分别负责与公私合作相关的咨询、指导、评估、审核、监督等职能。财政部已经成立了 PPP 工作领导小组及相关的事业单位,应进一步明确分工,提升专业技能,提高与社会资本的对接能力和与其他政府部门的协调性,如在项目采购环节,可以和其他部门进行联合核准,避免多头、重复审核,减少交易费用,增加采购效率。地方政府部门也要设立与部委相对应的专业机构,负责细则制定与具体项目实施。对于地方政府融资平台公司,应进行市场化转型,通过股权改革或增资引入社会资本,要么成为独立的市场主体,要么成为促进公私合作的专业机构

(二)制定体育公共服务公众参与机制

信息时代,社会大众拥有对行业、公共服务、企业行为等最直接、最及时的感知体验,可以为专业监督部门提供最真实、最准确的信息,应充分发挥社会监督的力量。体育 PPP 项目缺乏公众参与机制,不仅仅是维系公私合作伙伴的问题,而且也是体育公私合作项目的重要问题。究其原因主要是 PPP 项目政府主管部门和参与社会资本投资人都没有引起足够的重视,社会公众在公私合作伙伴关系处于相对弱势一方,主要原因是项目信息公开程度不高、公众参与监督项目缺乏渠道、公众缺乏反馈信息或者意见的渠道。但是同时我们应该清楚地认识到社会公众是公私合作伙伴关系中最重要的伙伴,没有社会公众的认可,项目就不可能真正实现最优可持续发展。公众对公共项目监督的前提是项目信息的披露,这样

才能发现问题,公私合作成熟的国家都有完善的项目信息披露机制。项目信息以详尽易懂为好,应包括财务信息、债务信息、预期及实际收益信息、项目进展情况、矫正或规划方案等,定期或不定期通过媒体网络等渠道向社会公布。在信息披露基础上,建立信息沟通及反馈平台,接受来自行业协会、消费者协会、社会团体、咨询中介、使用者个人及社会关心人士等的意见或建议。

因此,制定 PPP 项目公众参与机制主要做到以下几点:第一,加大政府部门与企业参与方在 PPP 项目中信息公开的力度,采用定期和不定期的方式向社会公众公布有关信息。第二,建立项目信息公开、反馈、交流的平台,通过网络、媒体、问卷调查等渠道与公众建立双向沟通,逐步建立在 PPP 项目推进过程中与公众沟通机制。第三,加强公共服务定价机制中社会公众的参与力度,公共服务定价需要充分收集公众的意见,作为最终定价的参考。

三、建立合理的风险分担机制

合理的风险分担机制追求整个合作过程中风险控制成本的最小化,是公私合作成功的关键。公私合作大多时间长,参与各方目标和出发点不同,合作的内部和外部环境充满着各种不确定性,如果没有风险分配框架,合作主体之间的交易成本会大大增加。风险分担既不是公共部门认为的尽可能将风险转移给私人部门,也不是私营部门以为的高风险高回报,而是要综合分析不同影响因素,达到最合理的公平风险分配、最低的总成本和最多的资金价值。

公私合作最优的风险分担原则要实现的效果是:培养各方理想的行为模式,既不能相对过多而挫伤合作积极性,也不能相对过少而助长投机行为。最优的风险分担原则旨在确保风险不会完全由一方承担,而是在各方之间分散和降低。这有助于减少一方因风险而面临的潜在损失,从而增加了合作的吸引力。风险分担原则有助于确保资源得以有效利用。私营部门通常拥有创新和执行能力,而公共部门可能具备稳定性和资源。通过合理分担风险,可以最大限度地利用各方的优势。通过合理的风险分担,各方将更有动力积极参与合作项目,因为他们知道如果项目成功,他们将分享收益,而不仅仅是承担风险。

风险分配的最终结果是减少各方面临的风险影响和损失,而不是减少风险发生的概率。风险本身是存在的,无法完全消除或减少其发生的概率。通过合理的风险分配,各方可以共同承担风险,减轻单一方面临的风险压力,从而降低单一方面因风险而遭受的损失。风险分配的目的是促使合作各方在面对风险时能够更好地应对,通过将风险分散到不同的相关方,降低单一方面承担全面风险的风险程度。这可以通过合同或协议中明确规定风险分担的方式来实现。风险分配通常基于各方的责任、能力、权益和承受能力等因素来确定。风险管理的核心是通过综合在各方之间分散风险,提高整体的韧性和可持续性,从而减少任何一方因风险导致的损失。有效的风险分配可以帮助各方更好地应对潜在的风险事件,并通过采取适当的措施来减轻风险的影响。

需要注意的是,风险分配并不意味着消除风险,而是通过合作各方共同分担风险,通过共同努力来应对和减轻风险的潜在影响。同时,还需要综合考虑风险管理策略、应急响应计划和监测机制等,以确保在风险发生时能够及时有效地应对。

风险归属及定量必须清晰,风险归属的清晰性确保各方在合作中明确自己的责任和义务。每个合作主体需要清楚地知道他们承担的风险范围和程度,以及在面临风险时应采取的措施。这有助于避免责任和义务不明确的情况,减少合作中的争议和纠纷。体育公共服务公私合作的成功离不开各方在风险分担上的明确和公正。

风险分担的共识如下：

(一)由对风险最有控制力的部门承担相应的风险

风险产生的来源有两类，一类是源于合作主体自身不确定性行为，另一类是源于公私合作组织之外的不确定性。最有控制力意味着风险的产生主体就是风险的承担主体，这一主体处于最有利的地位，自身行为的控制就是对风险的预防，降低了风险发生的概率，即使自身行为带来风险，其对风险的治理也最有效率，总的效果是风险管理的成本最小。如由政府部门带来的招投标说明书的错误，私人部门导致的项目技术不过关、运营成本超支等。对于合作组织之外的风险控制，不同部门各有优劣势。如政府部门对政策、法律、制度等的制定与变更拥有信息优势或能直接施加影响，其对政策风险、法律法规变更风险等更有控制力，这些风险应由公共部门承担。私人部门对产品供求信息敏感，原材料价格及市场需求波动带来的风险应更多由私人部门承担。

(二)承担的风险程度要与所得回报相匹配

第一条原则并不适用于所有风险分配，总有一些风险参与各方都没有控制力，如合作过程中的自然环境风险，对于这类风险，应实现风险与收益对等。如果私人部门要求补偿的风险溢价超过了公共部门所能接受的成本，公共部门宁愿自留风险。在体育公共服务公私合作中，确保风险和回报之间的平衡非常重要。协商、透明度和明智的决策是解决这种情况的关键。在协商过程中，各方需要充分了解项目的特点和各自的利益，以找到满足双方需求的解决方案。如果无法达成一致，可能需要重新评估项目的可行性或寻找其他合作伙伴。总之，在公私合作中，平衡各方的需求和限制是成功的关键。

(三)风险上限原则，即承担的风险要有限度

风险限制原则或风险最大限度原则是指在风险管理中，各方承担的

风险应该受到限制和控制，以确保不会超出可接受的范围或能力。这个原则强调了对风险的适度和明智管理，以防止不可承受的损失和不稳定性。虽然有对风险的估计和应对，但不可能准确预测风险发生的概率及带来的损失，如果风险带来的损失比估计的大很多或出现意料之外的风险，其造成的损失是主体无法承受的，显然会影响合作。在实际应用中，确定和管理风险上限需要仔细的分析和协商，以满足各方的需求和限制。

四、体育公共服务公私合作的市场培育

（一）公私合作市场环境的改善

第一，放宽市场准入，落实公共服务领域的投资政策，打破政府行政部门、事业单位及国有企业的垄断局面，消除投资壁垒。公共服务领域能不能运用公私合作应取决于市场，大型的公共项目进行拆分形成细小模块后也可交给更加专业的市场主体。改革行政审批制度，缩小审批范围，减少审批程序，提高审批效率。相关部门可以和政府采购部门进行联合审批或取消审批。扩大公私合作的私方主体要鼓励民营资本参与体育公共服务公私合作项目近年来，我国 PPP 项目发展迅速，但是民营企业参与度不高，主要是由于 PPP 项目大多数都是规模大、投资多、建设周期长的项目，对国有企业来说是可以承担运营前提的各类风险及运营过程中的风险，民营企业来说就存在疑问。合作关系只能创造合同约定的价值，伙伴关系才能创造增加的价值。因此，对于政府方来说建立伙伴关系应该不分何种类型的企业，国有企业和民营企业之间互有优势，应该积极鼓励民营资本参与 PPP 项目。首先，地方政府需要转换观点，将伙伴关系上升到价值的高度，对各类型的企业在政策支持力度上保持一致；其次，构建社会资本投资人特别是民营资本的参与平台，做到公平公正公开；最后，鼓励民营企业管理革新、技术创新，在项目中充分发挥自己的优势。促进公私合作主体的多元化体育公共服务是能够直接为民众社会福利的

纯公共产品,政府有责任为居民免费提供。根据公共产品理论,政府提供公共服务,不一定必须由政府生产公共服务,可以是私人部门提供或政府与私人部门合作生产。

目前,体育公共服务主要是单一的供给主体因缺乏竞争导致供给效率不高、质量不好。因此,政府可以吸纳有资质的、并乐意为居民提供体育公共服务的其他私营机构参与公私合作,如俱乐部、体育协会团体、一些非政府组织等机构,政府通过监管和合同管理的方式规范其行为,保证其服务供给质量。根据产权学家的观点,私人产权效率最高,多种私方主体的参与,使得政府可以优中选优,选其服务质量最好、服务效率最高的私营机构与之合作,为居民提供高质、高效、可及的体育公共服务。因此,促进体育公共服务公私合作主体的多元化,发挥各方的竞争优势,是提高公私合作效率的有效途径之一。

第二,营造公平竞争环境。鼓励企业和社会组织参与体育公共服务。政府可以通过税收优惠、项目资金支持、土地使用权等方式,鼓励企业和社会组织参与体育公共服务。同时,政府还可以提供相关的培训和指导,帮助企业和社会组织提高服务质量和水平。鼓励民间力量参与体育公共服务,政府可以通过提供财政支持、减免税收等方式,鼓励社会团体、企业、个人等民间力量参与体育公共服务的运营和管理,促进公私合作。在公私合作形成阶段,市场的竞争机制一般通过招投标实现,实质是价格竞争,中标单位往往是价格的有力竞争者,是实力、信誉等综合性能的体现。应确保投标者之间竞标机会的均等,给予公有企业、非公有制企业、外资企业同等待遇;确保主体间相互独立,防止串标、围标等现象;确保竞标者拥有同样的项目信息,防止招标人泄漏标的信息;对所有竞标者采用相同的评标指标体系和评价方法,过程公开透明。对拥有同等资质条件的公有企业和非公企业,考虑选择非公企业。

第三,维持市场秩序。维持市场秩序是政府的一项重要职责,旨在促进经济的健康发展、保护市场参与者的权益,并确保市场运作的公平性和透明度。一方面保障私营部门利益不受侵害,使其不受地方利益集团的侵扰,杜绝经济纠纷;另一方面保障社会公众的利益,对私营部门的不正当经营进行必要规制或惩罚。在实际运作中,政府需要平衡这两个目标,以确保市场秩序的维护。这通常需要明确的法律法规、有效的执法机构、透明的政策制定过程以及与私营部门和公众的广泛对话与合作。在全球范围内,不同国家和地区可能会有不同的市场秩序维护机制,以适应其特定的经济、社会和文化背景。

(二)采取有效激励措施,促进公私合作服务效率的提高

第一,健全体育公共服务补助经费保障机制,科学分配体育公共服务经费。基本公共卫生服务补助经费是激励公私两级体育公共服务人员密切合作的重要手段,也是推进体育公共服务均等化进程的关键。然而目前存在着公私两级体育公共服务经费与职责分工不一致的问题,同时也存在着体育公共服务补助经费被挪用、与其他补助款项“打包”拨付等现象,这些都给体育公共服务补助经费增加了风险,打消了有关人员的积极性。因此,我们应该建立健全体育公共服务补助经费保障机制,并确保资金不会被挪用。在确定两级职责分工比例的基础上,还要科学合理地分配体育公共服务补助经费。同时,政府应逐年加大对体育公共服务补助经费的投入,并加强对其监管,全面落实体育公共服务经费。严格执行体育公共服务经费分配公示制度,并建立群众监督机制,以保证分配的公平和公正。通过将体育公共服务补助经费转化为公私合作有关人员的收入水平提高,可以充分调动其积极性。

第二,在公私两级间进行科学、合理的体育公共服务职责分工。合理的职责分工是公私两级合作有效开展体育公共服务的基础,也是保证服务高效率、高质量提供的前提。各地应根据当地实际情况,依据当地实际服务能力进行切合实际的合理分工。分工方案应考虑当地实际的体育生

态背景，并保证制定的方案在当地具有可行性和可操作性，同时易于考核和评价。重要的是要逐级、逐层将分工方案落实到位，并根据不同层级的服务能力现状进行动态调整。科学合理的职责分工是合理经费分配的前提，也是激励体育公共服务公私合作人员积极性、提高合作服务效率的重要手段。

第三，奖励机制与合理利润汇报并举。通过奖励机制，政府根据私营部门在公共服务领域的表现给予奖励。这可以是经济奖励，比如奖金或补贴，也可以是非经济奖励，如荣誉称号或专门的认可证书。奖励的形式可以根据具体情况和目标进行定制。同时，奖励机制根据私营部门的表现和达成的目标进行评估和确定。如果私营部门成功实现或超越了合同约束和绩效指标，他们可以获得额外的奖励。这种奖励激励机制将鼓励私营部门努力提高服务质量和效率，以获得更多的奖励。在同一时间，为了进一步激励私营部门的参与和努力，政府应确保合理的利润回报。私营部门参与公共服务项目需要投入资金、资源和人力，他们应该能够从参与中获得合理的回报。政府与私营部门协商确定合理的利润率或投资回报机制，以确保他们的投入和努力得到公正的回报。与此同时，合理的利润回报可以确保私营部门与政府建立长期稳定的合作关系，并继续为公众提供高效的服务。综上所述，奖励机制和合理利润回报是相互补充的激励措施。

（三）健全体育公共服务培训机制，为公私有效合作提供技术支持

第一，体育公共服务公私合作的推进需要专业人才作支撑。其中需要有体育、经济、法律、财务、金融等领域的专业知识，专业人才的培养可以从师资力量、培训内容、培训方式、培训对象等几个方面筹备。师资力量方面，政府部门可以建立完善 PPP 专家库，招纳聘请各行业各领域的 PPP 专家，并与大学及科研院所建立联系，还可以吸纳国外 PPP 专家，与

国外专业研究中心进行交流。培训内容方面，可分为基础知识和实际操作技能，基础知识应涵盖公私合作所需要的专业知识，实际操作技能包括项目谈判、合同管理、公共项目管理、风险治理等操作性强的知识。培训方式方面，可以是培训班、专家讲堂、专题讲座、案例分析、实地考察、出国学习等。培训对象应是公私合作利益相关方，主要是公共部门工作人员、企业负责人、金融机构及投资机构业务负责人等，还可以是公众利益代表、民间团体负责人及个人。应注重对企业负责人的培养，特别是增加私营企业人员的培训比例。

第二，为确保体育公共服务人力资源稳定发展，我们可以采取多种保障措施。基层体育公共服务人力资源是公私合作服务能力的主要支撑，因此我们需要提高相关从业人员的待遇，重点培养年轻社会体育指导员，并加强人才培养过程路径的联系。建立上下级机构间长效的联动机制和相应的激励机制，也需要拓宽各基层单位体育公共事业从业人员的联系和外在服务机构的引进渠道。我们可以借鉴体育学院本、专科院校建立定点订单培养机制，以确保基层体育公共服务事业人力资源的稳定来源。此外，我们还可以效仿大学生村官政策，对于到基层从事体育建设的大学生给予多方面的优惠政策，解决他们在编制、职称和养老等方面的问题。逐步提高基层地区体育公共服务事业的文化传承和发展。

第三，因人、因材、因时、因地灵活施教。公私两级接受体育公共服务项目的技能培训，接受培训的时间、内容、方式、频次、周期等直接影响到公私两级体育公共服务人员服务能力提高的程度，进而影响提供体育公共服务的效率和效果。因此选择谁接受培训、谁来进行培训、培训什么、怎么培训以及如何检验培训效果都是应当仔细考虑的问题。根据调查地区培训存在的问题，我们认为应根据公私两级体育公共服务人员本身的技术水平进行分对象、分层次、分时段、定内容，对不同的被培训者采取不同的培训方式。比如对年轻的从业者可以进行远程视频培训以节省时间又能满足了相关人员的需求,对年老的体育服务人员则以现场开会或专家讲座的形式,通过上课做笔记、提问、讨论等方式进行深入的学习以加深印象。

第四,培训方式多样化,重视培训效果。培训后要进行理论和实践的双重检验其学习效果,以促使公私两级体育公共服务人员对居民提供规范的体育公共服务,同时也就提高了服务能力。要从体育公告服务人员的学习需求出发,按照分级培训,分类办班的方式,制定出适应不同学习需求的个性化从业人员培训计划,根据因需施教和因材施教原则,创新培训模式,突破传统的说教式、填鸭式的培训方式。采取灵活多样的培训方式,如专题式培训、案例式培训、学徒式培训、互动式培训等,以提高培训效果,并且将公私两级体育公共服务人员培训考核结果纳入绩效考核评价中,强化考核结果,激励体育人员积极参加各种培训和接受继续教育,最终达到提高体育公共服务能力和服务质量的目的。

(四)构建体育公共服务公私合作信息共享平台,加强公私合作及时有效沟通

第一,积极推广多种信息传播模式。各级政府及体育主管部门要高度重视信息共享社会舆论氛围的构建,通过电视、网络、报纸、政策性文件、广播等媒介广泛宣传信息共享的意义和价值,积极推广其他地区先进的工作模式及工作经验。有条件的地区可组织基层群众、体育从业人员到信息共享成效显著地区参观学习,增进他们对信息共享的认识和了解,让基层群众、体育工作者切实感受到信息共享带来的便捷和实惠,消除他们对信息共享的误解和质疑,摆脱传统思想和行为习惯的束缚,提高基层体育公共服务信息共享的社会认可度。

第二,加强信息媒体使用知识的培训。强化公私合作体育人员信息业务培训,弥补信息共享的知识和技术短板,通过强化基层人员基本网络知识和技术的普及力度,为实现信息共享的电子化、便捷化扫除障碍,从

而有利于公私合作过程中及时沟通和解决问题;政府应增加财政投入,构建基层体育公共服务机构网络信息平台。

可采取的具体措施:一是举办专业培训课程。政府和私营部门可以合作举办专业培训课程,培养体育人员在信息业务方面的知识和技能。这些课程可以涵盖信息技术基础、数据分析、信息管理和共享平台等内容,帮助体育人员了解信息业务的重要性、操作方法和最佳实践。二是建立合作平台。政府和私营部门可以共同建立信息共享平台或合作平台,为体育人员提供信息共享和交流的渠道。这样的平台可以用于发布最新的体育政策和行业动态,分享成功案例和经验,以及提供培训资源和技术支持。三是合作导师制度。建立合作导师制度,将资深的信息业务专家和体育专业人员进行匹配,进行一对一的指导和培训。通过与经验丰富的导师合作,体育人员可以快速学习和掌握信息业务的关键知识和技术,在实践中提高自己的能力。四是开展信息技术交流活动。组织定期的信息技术交流活动,例如研讨会、论坛或工作坊,邀请专家和从业者分享最新的信息技术应用和案例。这些活动可以促进体育人员之间的交流合作,扩大他们的信息业务视野,激发创新和合作的潜力。五是提供资源支持。政府和私营部门可以提供必要的资源支持,包括软件工具、数据分析平台和专业人才等,帮助体育人员更好地进行信息业务的学习和实践。这些资源可以降低培训和应用的门槛,推动信息共享和合作的发展。

通过以上措施,可以有效地弥补公私合作体育人员在信息共享方面的知识和技术短板,有助于提高信息业务的水平和效率,促进公私合作体育项目的顺利进行,并推动体育行业的创新发展。

第三,制订科学的发展规划,积极推动信息共享管理的科学化、规范化。信息共享发展规划要以维护基层公众健康健身权益为出发点全面整合现有的资源,立足基层体育公共服务实践,在资源配备、人员培训、实施进度、绩效考核等方面制定科学适用的计划和标准,使信息共享有章可循，有据可依，为信息共享的稳步推进提供可靠的制度和政策保障。同时要完善信息共享的管理和运行机制，改进公私两级卫生机构的合作机制，增进双方沟通和协商，妥善处理二者在经费和职责方面的矛盾，实现管理的科学化、规范化，促进信息共享持续推进、良性运转。

（五）民众公私合作精神的支持与培养

公私合作精神指的是政府、私营部门和个人之间共同合作以解决社会问题和促进共同利益的意愿和能力。约翰·穆勒（John Stuart Mill）认为，一个好的政府，除了完成应尽的义务，还应鼓励和培养人民的自立奋斗精神，帮助个人发挥主动性、而不是压抑个人主动性，教导人民依靠个人努力与自愿合作的方式来实现目标。这对公共产品的供给尤为重要，因为公共产品关系民众切身利益，而民间蕴藏巨大能量与资源，无论公职人员拥有多少智慧和才能，相对于民众来说，也是微不足道。

对民间资源应尽量加以开发利用。民众公共精神的培育首先是一个教育问题，更重要的是民众公共生活的实践，以及政府行政理念与方式的转型。公共精神是现代公民社会的公共生活形态中，公民个体与社群应有的“自主、公道、宽容、理解、同情、正义、责任、参与、奉献”等理性风尚和美好风尚。

第一，自主（Autonomy）：自主是指个体有能力自主决策和行动，而不受外部不当干涉。在公民社会中，自主意味着个体有权利表达自己的意见和做出独立的决策。

第二，公道（Fairness）：公道强调平等和公正。公民社会倡导对待每个人都应该公平，不分种族、性别、宗教或社会地位。

第三，宽容（Tolerance）：宽容是指尊重和接受不同观点、文化和信仰，即使它们与自己的观点不同。它有助于建立包容性社会。

第四，理解（Understanding）：理解涉及尝试理解和同情他人的感受、观点和经历。这有助于建立更强的社会联系。

第五,同情(Compassion):同情是关心和关爱他人的情感。在公民社会中,同情有助于支持那些需要帮助的人。

第六,正义(Justice):正义是确保每个人都受到公平对待和权利得到保障的原则。公民社会追求社会和法律的正义。

第七,责任(Responsibility):责任是指每个公民对社会和环境负有一定的责任。这包括对环境的可持续性和社会的改善负有责任。

第八,参与(Participation):参与意味着积极参与社会和政治生活。在公民社会中,个体被鼓励参与决策过程,以影响社会政策和方向。

第九,奉献(Generosity):奉献是指愿意为社会或他人做出贡献的意愿。这可以包括志愿者工作、慈善捐赠等。以上公共精神价值观有助于塑造一个更加和谐和公平的社会,鼓励个体在社群中起到积极的角色,共同创造更美好的未来。在现代社会中,教育、社会机构和政府都可以促进这些价值观的培养和弘扬,以建立更强大的公民社会。

第二节 研究创新

本研究以公共产品理论、新公共服务理论、合作评价理论、公共治理理论、政府绩效评估理论和公私合作评价理论为思想指导,在对公私合作内涵界定的基础上对目前体育公共服务公私合作模式的内涵、合作的现状、存在的问题、合作的影响因素、合作效果的评价、合作机制的建构、合作模式的完善以及有效运行的措施等方面进行了比较系统和全面的探讨;对体育公共服务公私合作的主体,合作的过程和合作的结果进行了比较深入的分析。

一、有待改进的方面

1. 加强政策研究

研究体育公共服务的政策制定和实施，探索如何通过政策手段促进公私合作，提高体育公共服务的质量和效率。政策制定者可以鼓励公共和私人部门之间的合作以共同提供体育设施、项目和服务。这可以通过提供激励措施（如税收优惠、合作伙伴关系等）来实现。通过评估现有的体育公共服务政策框架，并提出改进措施，以确保其能够有效地满足公众需求。这可能包括改进资源分配、规范监管机制、提供更好的激励措施。鉴于此，建立有效的监测和评估机制，定期评估体育公共服务政策的效果和成效。这有助于政策制定者了解政策的实施情况，并及时做出调整和改进。

2. 推动跨学科研究

将体育公共服务与其他学科进行跨学科研究，如经济学、社会学、管理学等，探索不同领域的理论和方法对体育公共服务的影响和改进。经济学用于评估不同体育公共服务项目的成本和效益，确定资源分配的最佳方式，确保资源得到最大化利用。社会学用于研究体育公共服务对社会的影响，包括社会凝聚力、社会健康、社交平等等方面。这有助于理解体育对社会的价值。管理学提供有效的项目管理方法，以确保体育公共服务项目按时、按预算完成，并达到预期目标。在进行跨学科研究时，重要的是建立合作伙伴关系，将不同领域的专业知识汇聚在一起，以促进深入的理解和创新，最终改进体育公共服务的质量和效率。此外，政策制定者应该积极采纳跨学科研究的发现，以支持更有效的政策制定和实施。

3. 建立合作平台

建立公私合作的平台，促进政府、企业、社会组织等各方之间的合作和交流，共同研究和解决体育公共服务面临的问题和挑战。具体措施：一是建立合作机制:建立政府、企业和社会组织之间的合作机制,包括合作协议、合作框架或合作伙伴关系,以明确各方的角色和责任,并确保合作的连续性和可持续性。二是促进信息共享:建立一个平台或机制,促进各方之间的信息共享。政府提供关于政策和资金支持的信息,企业分享经验和资源,社会组织提供基层的需求和反馈。这将有助于各方在体育公共服务方面互相学习和借鉴。三是共同研究和课题调研:政府、企业和社会组织共同设计和开展研究项目,针对体育公共服务领域的重点问题和挑战进行深入调研和分析,以涉及各个学科的专业知识和方法,获得全面的研究结果和解决方案。四是协同项目实施:政府、企业和社会组织合作实施具体的体育公共服务项目。通过协同努力,整合各方的资源和能力,提高项目的效果和影响力。例如,在社区建设体育设施时,政府提供基础设施,企业提供资金和技术支持,社会组织提供运营和管理经验。五是举办跨界交流活动:组织跨界的交流活动,例如研讨会、论坛、工作坊等,邀请政府、企业、社会组织和学术界的代表参与讨论和交流,促进各方的理解和沟通,加强合作关系,共同推动体育公共服务的发展和创新。六是评估和监测合作成果:建立监测和评估机制,跟踪公私合作的成果和效果。定期评估合作项目的进展,以便及时调整和改进合作策略。与此同时,共享合作成果和成功经验,以激励更多的公私合作。

通过建立体育公共服务公私合作的平台,政府、企业和社会组织充分发挥各自的优势和资源,共同解决体育公共服务面临的问题和挑战,达到更好的效果和影响。该合作形式可以促进创新、提高效率,并最大限度地满足社会对体育公共服务的需求。

4. 推动科技创新

利用科技手段提升体育公共服务的效率和体验,如利用大数据分析提供精准的体育服务,利用虚拟现实技术提供更丰富的体育体验等。

创新方法如下：

(1)大数据分析

利用大数据分析技术，收集、整理和分析大规模的体育相关数据，包括人口统计信息、健康指标、运动习惯、赛事数据等。通过分析这些数据，获取洞察力，洞察人们的需求和行为模式，从而提供更精准的体育服务。例如，通过数据分析预测人们感兴趣的运动项目，优化场馆和设施资源的分配，制定个性化的训练计划，甚至提供运动员表现评估和改进建议。

(2)虚拟现实技术

虚拟现实技术提供沉浸式的体育体验。通过虚拟现实头显等设备，人们在现实世界之外，体验不同的运动和运动环境。这种技术可以用于提供远程教学和指导，让人们在家中就可以参与虚拟运动课程、与教练互动以及参加虚拟赛事。此外，虚拟现实技术还能够模拟真实的比赛场景，让观众身临其境地观看比赛，提供更丰富的观赛体验。

(3)移动应用程序

利用移动应用程序提供个性化的体育服务和交流平台。用户通过手机或平板电脑使用应用程序来获取健身指导、制定训练计划、记录运动数据等。同时，这些应用程序还可以提供社交功能，让用户之间互动和分享经验。通过移动应用程序，用户随时随地获得个性化的体育服务，并建立社群和与其他运动爱好者进行互动。

(4)无人机技术

无人机技术用于体育场馆和赛事的管理和安全。例如，无人机用于巡视场馆，监测安全问题，并提供实时视频监控。此外，实施空中摄像，提供更广阔的视角和更精彩的赛事回放，这种技术对于大型体育赛事的组织和安全管理非常有帮助。

5. 加强实践研究

将研究成果应用于实践中，通过实践验证和改进研究成果，提高体育公共服务的实际效果和可持续性。此举,需要密切合作、实地实验、数据收集与分析、持续改进与优化,以及知识共享与传播,以确保研究成果能够真正造福社会并推动体育领域的发展。

(1)合作伙伴关系

建立合作伙伴关系是将研究成果应用于实践的关键一步。与体育组织、政府机构、科技公司、学术界等建立紧密的合作关系,促进知识共享和技术转化。合作伙伴提供实践场景、资源支持、实验测试的机会等,加速将研究成果转化为实际应用。

(2)实地实验和验证

将研究成果应用于实践之前,进行实地实验和验证是必要的。通过在真实环境中测试和评估研究成果的可行性、有效性和适用性,了解其实际效果和潜在问题。

(3)数据收集和分析

在实践中应用研究成果时,重要的是收集相关数据,并进行详细的分析。通过收集实际数据,评估研究成果的实际效果和影响,并获取反馈信息。数据分析帮助发现潜在问题、改进解决方案,并为进一步的优化提供指导。

(4)持续改进和优化

应用研究成果的过程是一个持续改进和优化的过程。通过实践中的反馈和数据分析,不断调整和改进解决方案,以提高体育公共服务的实际效果和可持续性。

(5)知识共享和传播:在实践中验证和改进研究成果后,重要的是将所得的经验和教训进行知识共享和传播。通过学术会议、论文发表、报告、培训活动等方式,将实践经验和改进结果与相关利益相关者分享,促进更广泛的应用和推广。

二、主要创新点

(一)运用词频分析法界定了体育公共服务公私合作的内涵

从管理学的角度、经济法学的角度和合作过程的角度三个层面对体育公共服务公私合作的内涵进行了阐述,进而在此基础上从公私合作的主体、合作过程和合作结果三个层面对体育公共服务公私合作内涵进行了界定。

第一,从管理学的角度来看,体育公共服务公私合作涉及资源整合、组织协调和绩效管理等管理活动。这包括制定合作策略、协调资源配置、管理合作过程和评估合作效果等。管理学角度下的公私合作关注如何通过有效的管理措施,充分发挥各方优势,提高体育公共服务的质量和效率。

第二,从经济法学的角度来看,体育公共服务公私合作涉及合作关系的法律框架和法律约束。这包括制定合作规则、保护各方权益、解决合作纠纷等法律方面的问题。经济法学角度下的公私合作关注如何建立合法合规的合作制度,明确各方权责义务,确保公共利益和私人利益的平衡。

第三,从合作过程的角度来看,体育公共服务公私合作包括主体、合作过程和合作结果三个层面。主体层面涉及政府、体育组织、企业、社会组织等各方。合作过程层面涉及合作的具体步骤、规则和机制,包括资源整合、信息共享、协作协调等。合作结果层面涉及合作的实际成果和效果,包括提供优质的体育设施、丰富的体育活动、提高公众健康水平等。

基于以上的理解,将体育公共服务公私合作的内涵进行界定。体育公共服务公私合作的主体涉及政府部门、体育组织、企业和社会组织等多方。合作过程包括资源整合、信息共享、协作协调等,通过制定合作协议、合作项目管理等方式实现。合作成果包括提供多样化的体育服务、促进公众健康和社会福利的提升等。这种界定提供了一个框架,帮助理解和规划体育公共服务的公私合作关系,促进各方之间的有效沟通和协调,推动体育公共服务的可持续发展以及提高社会体育参与率和整体健康水平。

(二)分析并探索出体育公共服务公私合作各要素间的关系与矛盾

对体育公共服务公私合作的职责分工进行了进一步的分析,探索出了一套细分到二级指标比较符合体育公共服务公私合作实际情况的评价指标体系,为后面扩大体育公共服务的公私合作的开展提供一定的借鉴和参考。

1. 一级指标——职责分工

(1)政府职责

A. 制定体育公共服务政策和战略

B. 提供基础设施和场地支持

C. 审批和监管体育活动

D. 组织推动体育项目和活动

E. 提供资金支持和拨款

(2)私营部门职责

A. 投资和建设体育设施

B. 提供专业的体育培训和指导

C. 组织商业性体育赛事和活动

D. 提供体育器材和产品

E. 开展体育营销和策划活动

(3)社会组织职责

A. 提供社区体育服务和推广

B. 组织志愿者和社区参与活动

C. 支持弱势群体的体育参与

D. 推动体育公益事业发展

E. 提供体育项目和培训资源

2. 二级指标——细分指标

(1)政府职责细分指标

A. 政策文件的出台和实施情况

B. 基础设施建设和维护情况

C. 资金拨款和使用透明度

D. 体育项目和活动组织的效果

E. 监管措施和执法力度

(2)私营部门职责细分指标

A. 投资体育设施的规模和质量

B. 培训师资力量和培训效果

C. 商业性体育赛事的知名度和盈利情况

D. 产品研发和创新能力

E. 营销策划的专业水平和效果

(3)社会组织职责细分指标

A. 社区体育服务的覆盖范围和质量

B. 志愿者参与的积极性和效果

C. 弱势群体参与的支持力度和效果

D. 公益事业项目的推进情况

E. 项目资源的开放与共享

这套评价指标体系将体育公共服务公私合作的职责分工细分到具体指标,通过定量和定性的方法评估各方在职责履行上的表现。通过评估结果,发现问题并促进不同主体在体育公共服务中更好地发挥各自的作用。同时,为后续扩大体育公共服务的公私合作提供参考和借鉴,确保合作的顺利进行和良好的合作效果。

（三）设计并构建出了体育公共服务公私合作理论模型

根据公共服务公私合作现状的研究和对存在的问题以及影响因素的分析，结合文献研究，从理论上构建了体育公共服务公私合作模式的理论模型，与此同时设计促进公私合作模式有效进行的激励机制、培训机制、沟通交流机制、监督考核机制的理论模型，为体育公共服务公私合作在实践中的应用提供一定的理论指导和参考。

体育公共服务公私合作模式的理论模型的架构：

1. 合作模式的构建

（1）合作目标的设定

明确体育公共服务的目标和效益，并确定公私合作共同追求的目标。

（2）参与主体的确定

明确政府、私营部门和社会组织等各方在合作中的角色和职责，并建立合作机制。

（3）利益分配机制的设计

制定公私合作的利益分配原则和机制，确保各方的利益相对平衡和公正分配。

2. 激励机制

（1）经济激励

通过奖励措施、财政支持、税收优惠等方式，激励各合作主体积极参与合作并取得良好成果。

（2）非经济激励

提供荣誉、声誉、社会影响力等非经济奖励，激励各方在体育公共服务中展现出色的表现。

3. 培训机制

（1）合作能力培养

为各合作主体提供相应的培训和能力提升机会，提高其在公共服务合作中的专业知识和技能水平。

(2)跨部门合作培训

组织各合作主体的培训交流活动,促进彼此的理解和协作,增强合作的效果和效率。

4. 沟通交流机制

(1)多层次沟通

建立定期沟通机制,包括政府与私营部门、社会组织之间的沟通,以及各个层级之间的沟通,确保信息流动和合作顺畅。

(2)沟通平台

建立沟通平台,包括会议、研讨会、网络平台等,促进各方交流和分享经验。

5. 监督考核机制

(1)绩效评估

建立有效的绩效评估体系,对公私合作项目的实施和成果进行评估,及时发现问题和改进方案。

(2)监督机构设立

设立专门的监督机构或委员会,负责监督合作进展和各方责任的履行。

第三节 研究不足

运用公私合作模式提供公共产品和公共服务的研究在其他领域比较多,但是在体育公共服务领域,进行具体的实证研究还是比较有限,限于时间和作者的研究能力,虽然做出了很大的努力,但仍然存在一些不足,主要是以下几点:由于时间关系以及人力限制,本研究没有调查需求方,即居民对体育公共服务公私合作开展基本公共卫生服务的看法和对公私合作供给体育公共服务的满意度情况，导致对体育公共服务公私合作绩效的评价不是很全面，今后需要补充这方面的调查和研究。对基本体育公共服务公私合作绩效的评价仅从服务效率方面进行了纵横比较，没有设计指标从效果、效益、经济及公平的角度进行全方位的评价，虽然在一定程度上也说明了问题。

一、研究内容不够全面

目前的研究主要集中在公私合作的模式、机制和案例分析上，缺乏对公私合作的效果、影响和问题的深入研究。例如，如何评估公私合作项目的效果和影响，如何解决公私合作中的利益分配和监管问题等。公私合作是指公共部门和私营部门之间的合作关系，旨在共同解决社会问题或提供公共服务。这种合作模式在解决包括基础设施建设、教育、医疗保健、环境保护等领域的挑战时变得越来越重要。

尽管公私合作具有潜力，但以下几点仍值得关注：

1. 效果评估

需要对公私合作项目的实际效果进行评估。这包括测量合作项目是否实现了预期的社会、经济和环境效益。在基础设施建设项目中，需要评估其对当地经济增长、就业机会和社区发展的影响。

2. 成本效益分析

研究人员对公私合作项目的成本效益进行深入分析，把涉及比较传统的公共部门承担项目的成本与私营部门参与的成本，并对两种模式的成本效益进行比较。

3. 持续性和可持续发展

公私合作项目的长期可持续性是一个重要问题。研究探索如何确保项目在合作方离开后能够持续运行，并为当地居民提供持续的福利。

4. 风险管理

公私合作涉及各种风险，包括政治风险、经济风险和合作伙伴关系风险等。需要研究如何识别、评估和管理这些风险，以确保合作项目的成功实施。

5. 社会影响评估

公私合作项目可能对社会产生广泛的影响，包括社会公正、社区参与和公共参与等方面。研究人员可通过探索这些影响，并提出改进社会影响的建议。

二、研究方法不够科学

现有研究多采用案例分析和个案研究的方法，缺乏定量研究和实证分析，容易导致研究结果的可靠性和普适性有限，难以为实践提供科学依据。尽管案例分析和个案研究是研究公私合作的常见方法，它们通常可以提供深入的理解和详细的描述。然而，由于受限于特定环境和情境的局限性，这种研究方法的可推广性和普适性相对较低。因此，采用定量研究方法和实证分析是进一步拓宽研究范围和提高研究可靠性的重要步骤。定量研究方法可以通过收集并分析大量的数据来进行统计分析。它们通过提供更广泛的样本，以支持对公私合作效果和影响的普遍性推断。例如，定量研究可以使用问卷调查、统计数据和实证模型等方法来测量公私合作项目的效果，评估其对于不同群体和领域的影响，并量化成本效益。实证分析的使用能进一步加强研究结果的科学性和可靠性。通过进行对照实验、随机控制试验或比较研究等方法，研究人员可以更准确地识别公私合作的因果效应并排除其他潜在因素的干扰。这种方法提供更具说服力的证据，为实践和政策制定提供更科学的基础。在未来的研究中，研究人员可以采用混合研究方法，结合定性和定量数据，以获得更全面的理解。同时，建立多个项目的跨地区和跨领域比较研究，可以增强研究结果的普适性和一般性。

三、研究视角不够多元

现有研究多从政府或私营部门的角度出发,关注政府和私营部门在公私合作中的角色和利益。缺乏对公众、体育组织和其他利益相关方的视角和需求的研究。一定限度上限制了研究对公众需求和参与的理解,也限制了公私合作的可持续发展。

公私合作的成功往往取决于广泛的利益相关方,包括公众、体育组织和其他社会团体。在研究中更多地关注这些利益相关方的角度和需求可以提供更全面的理解,并有助于更好地满足他们的期望,推动体育公共服务公私合作的可持续发展。

为提升体育公共服务公私合作的研究,可以从以下几个方面进行努力。

1. 拓宽研究内容

除了体育公共服务公私合作的模式和机制,还应关注公私合作的效果、影响和问题,特别是需要关注公众需求、参与和满意度等方面的研究。

2. 提高研究方法

除了案例分析和个案研究,还应采用定量研究和实证分析方法。例如,可以通过问卷调查、访谈和实地观察等方式收集数据,进行统计分析和建模。

3. 多元视角

除了政府和私营部门的角度,还应关注公众、体育组织和其他利益相关方的需求和利益。可以通过多方参与和多种研究方法,深入了解不同利益相关方的需求和意见。

总之,提升体育公共服务公私合作的研究,需要在研究内容、方法和视角上进行创新和拓展,以为实践提供科学依据和政策建议。

第四节　研究展望

鉴于目前体育公共服务公私合作方式的不明确导致合作关系的认识不清，尤其是“私”的主体仅局限于民营团体的现状。在今后的研究中应进一步明确基本公共卫生服务公私合作方式，扩大公私合作的主体，尤其是“私”的主体，对不同主体的不同特征设计不同的公私合作方式，并对体育公共服务公私合作绩效进行全方位的评价和分析，为进一步体育公共服务公私合作效率和质量，为促进体育公共服务均等化目标的实现提供政策参考依据。体育公共服务的发展离不开公私合作，公私合作可以提供更多的资源和机会，促进体育公共服务的提升。未来的研究可以从以下几个方面展望。

一、加强政府和企业的合作

政府在体育公共服务中扮演着重要角色，通过与企业的合作，共同推动体育公共服务的发展。研究可以探讨如何建立政府和企业之间的合作机制，提高合作效果。

1. 明确合作目标和愿景

政府和企业应明确共同的体育公共服务目标，确保双方在合作中朝着相同的方向努力。这可以包括提高体育普及率、改善体育设施、推广健康生活方式等。

2. 合作协议的制定

建立正式的合作协议或合同，明确各方的权责和义务。协议应包括项目的时间表、预算、资源分配等详细内容，以避免后续的不确定性和纠纷。

3. 透明的财务管理

确保资金的透明管理和使用,以增强政府和企业之间的信任。建议建立财务报告和审计机制,定期向合作伙伴公开财务信息。

4. 建立沟通机制

建立定期的沟通渠道,包括会议、电子邮件、电话等,以确保信息流通畅。这有助于及时解决问题和调整合作计划。

5. 风险管理

合作伙伴应共同考虑潜在的风险,并制定相应的风险管理计划。这可以包括法律风险、财务风险、声誉风险等。

6. 共享资源和专业知识

政府和企业共享资源,包括人力资源、设施、技术、专业知识等。这有助于提高合作效率和效果。

7. 社会责任和可持续性

合作应考虑体育公共服务的社会责任和可持续性。企业通过社会投资项目来支持体育发展,政府则可以提供相关政策支持。

8. 监督和评估

建立监督和评估机制,定期评估合作项目的进展和成果。这有助于及时调整合作策略,以实现更好的效果。

9. 培训和发展

提供培训和发展机会,以提高政府和企业工作人员的专业知识和技能,以更好地应对合作中的挑战。

10. 法律和法规遵从

确保合作双方遵守适用的法律和法规,以避免法律纠纷和法律责任。

二、推动社会组织参与

社会组织在体育公共服务中发挥着重要作用,通过引入社会组织,提供更多的服务和资源。研究可以探讨如何有效地引导社会组织参与体育公共服务，推动公私合作的发展。

1. 建立合作机制

政府与社会组织建立合作机制，明确各方的责任和义务。合作机制应包括参与流程、合作协议、协调机构等细节，以确保合作顺利进行。

2. 提供支持和培训

政府提供培训和技术支持，帮助社会组织提升管理能力、项目执行能力和专业知识水平。这有助于提高社会组织在体育公共服务中的效果和影响力。

3. 促进资源共享

政府与社会组织共享资源，包括场地、设施、人员等。通过资源共享，社会组织可以更好地发挥作用，提供更多的体育服务和资源。

4. 提供政策支持和便利条件

政府制定相关政策，为社会组织参与体育公共服务提供支持和便利条件。这可以包括减免税收、简化办事程序、提供优惠政策等。

5. 加强社会组织间的合作

政府促进社会组织之间的合作，鼓励它们共同开展项目和资源整合，以提高整体效能和影响力。

三、引入市场机制

市场机制可以提供更多的资源和机会，促进体育公共服务的提升。研究可以探讨如何引入市场机制，激发市场主体的积极性，提高体育公共服务的质量和效益。

1. 市场定位和需求分析

深入分析市场需求，了解社会对体育公共服务的需求和偏好。通过市场定位，根据不同群体的需求开展有针对性的服务，提高服务的吸引力和匹配度。

2. 市场竞争与选择机制

引入市场竞争机制，鼓励提供体育公共服务的机构和个人竞争，提高服务的质量和效率。政府通过招标、竞标等方式选择和优化服务提供者，确保优胜劣汰的机制发挥作用。

3. 价格机制与激励措施

市场机制下，适度引入价格机制，提供经济激励，激发市场主体的积极性。政府制定奖励政策、税收优惠等激励措施，引导市场主体提供高质量的体育公共服务。

4. 市场监管和评估

探讨如何建立有效的市场监管机制，确保市场行为合规，保护参与者的合法权益。同时，建立评估机制对市场提供的体育公共服务进行评估，及时发现问题并进行改进。

5. 社会资本的融入

市场机制吸引社会资本的参与，例如民间企业、基金会等。探讨如何吸引社会资本参与体育公共服务，并确保其参与符合公共利益和社会价值的目标。

6. 创新机制与科技应用

探讨如何引入创新机制和科技应用，提高体育公共服务的效率和便捷性。例如，利用互联网技术开展线上体育服务、推广智能化设备等，提升服务的覆盖范围和质量。

四、加强国际合作

体育公共服务的发展需要国际合作，通过与国际组织和国际体育组织的合作，借鉴国际经验，提升体育公共服务的水平。研究可以探讨如何加强国际合作，促进体育公共服务的国际化发展。

1. 合作框架与机制

建立合作框架与机制是国际合作的基础。通过签署合作协议、谅解备忘录等形式，明确合作的目标、内容和责任分工，为国际合作提供有力的制度保障。

2. 经验交流与学习

国际合作促进经验交流和学习，通过组织国际研讨会、交流访问等方式，分享各国在体育公共服务领域的成功经验和创新做法，借鉴他国的经验，丰富自身的理论和实践。

3. 资源共享与协同

国际合作促进资源的共享与协同，包括人力资源、物质资源和技术资源等。通过合作项目的开展，共同利用资源，提高体育公共服务的效率和质量。

4. 政策对话与合作发展计划

国际合作需要政策对话的支持，通过政府间的对话和合作发展计划，共同制定推动体育公共服务发展的政策目标和行动计划，实现政策的协调与整合。

5. 专业人才培训与交流

加强国际合作促进专业人才的培训和交流。通过开展国际培训项目、交换计划等，提升从业人员的专业能力，培养高水平的体育服务人才。

6. 标准与规范的制定

国际合作促进标准与规范的制定，建立统一的体育公共服务标准，推动各国之间的服务质量和效果的比较、评估与认证。

7. 跨国合作项目的开展

通过跨国合作项目的开展，在特定领域深化合作，共同解决体育公共服务领域的挑战和问题。

8. 数据共享与合作研究

国际合作促进数据共享与合作研究，通过共享数据和开展跨国合作研究,深入分析和研究体育公共服务的发展趋势、问题与解决方案。

参考文献

[1]中共中央 国务院,《“健康中国 2030”规划纲要》[EB/OL](2016-10). https://www.gov.cn/zhengce/2016-10/25/content_5124174.htm.

[2]Woolcock M. Enhancing the Quality of Public Service Delivery: Insights from Recent Research [J]. *Research and Policy Briefs*, 2017.

[3]Ansari. K I, Kadir R, Ansar, et al. Effect on Administration Policies, the Public Service Quality and Satisfaction on the System Administration Manunggal under One Roof in Indonesia[J]. *INA-Rxiv*, 2017.

[4]Correia T, Carapheiro G, Carvalho H, et al. The Effects of Austerity Measures on Quality of Healthcare Services: A National Survey of Physicians in The Public and Private Sectors in Portugal [J] . *Human Resources for Health*,2017,15(L): 82-94

[5]Houlihan B. Sport, National Identity and Public Policy [J]. *Nations and Nationalism*, 1997.

[6]Shaw S. Touching the Intangible? An analysis of the Equality Standard: A Framework for Sport [J]. *Equal Opportunities International*, 2007,26(5):420-434.

[7]Hoye R, Nicholson M. *Sport and Social Capital* [M]. 2008.

[8]杨玉霜.澳大利亚青少年体育公共服务政策演进与启示[J].体育科技文献通报,2021,29(09):194-196.

[9] Ernst J., *What is utility? The Social of Public Utility Privatization and Regulation in Britain* [M] Bucking ham: Open University Press, 1995.

[10] Greenwell T C, Fink J S, Pastore D L. Assessing the Influence of the Physical Sports Facility on Customer Satisfaction within the Context of the Service Experience[J]. *Sport Management Review*, 2002, 5(2):129–148.

[11] Francois P. 'Public Service Motivation' as an Argument for Government Provision[J]. *Journal of Public Economics*, 2000, 78(3):275–299.

[12] Christopher, Hood. Paradoxes of Public – sector Managerialism, Old Public Management and Public Service Bargains[J]. *International Public Management Journal*, 2000.

[13] Alberto N, Alberto C G, Antonio J T P, et al. Perceived Service Quality, Perceived Value and Satisfaction in Groups of Users of Sports Organizations in Spain[J]. *Kinesiology*, 2012, 44(1).

[14] Yi–De Liu. Implementing and Evaluating Performance Measurement Initiative in Public Leisure Facilities an Action Research Project [J]. *Syst Pract Action Res*, 2009, 22: 15–30.

[15] Zhi Xiang Jin. Research on Evaluation of Public Sports Service in Stadiums Based on FNN Algorithm[J]. *Cluster Computing*, 2019, 22(6): 13835–13842.

[16] Dominique Custos, John Reitz. Public–Private Partnerships[J]. *The American Journal of Comparative Law*, 2010, 58: 555–584.

[17] 亚里士多德. 北京:政治学[M]. 吴寿彭译. 商务印书馆, 2011.

[18] Daniel T. Plunkett & Erin M. Minor, Public – Private Partnerships: Primer, Pointers and Potential Pitfalls [J]. *Thomson Reuters*, June 2013.

[19] Anthony Wall, Public–Private Partnerships in the USA: Lessons to

be Learned for the United Kingdom[J]. *Routledge*,2012.

[20] Bruno Werneck & Mario Saadi. The Public-Private Partnership Law Review[J]. *Law Business Research*, April,2018.

[21] Boardman A E, Siemiatycki M, Vinning A R. The Theory and Evidence Concerning Public-Private Partnership in Canada and Elsewhere R. Canada[J]. *The School of Public Policy(SPP Research Papers)*,2016.

[22] Siemiatycki M. Public-Private Partnership in Canada: Reflections on twenty years of practice[J]. *Journal of Canada Public Administration*, 2015,58(3):343-362.

[23] Michael Opara et al. Effects of the Institutional Environment on Public-Private Partnership (P3) projects: Evidence from Canada[J]. *Accounting Forum*, 2017, 41(2): 77-95.

[24] Himmel M. Evolutionary to Revolutionary: Understanding Innovation in Infrastructure Projects Through Public-private Partnership R. [J]. *University of Toronto, Department of Geography & Program in Planning*,2015.

[25]刘亮,刘元元,王鹤等.我国体育公共服务均等化的评价模型及指标体系构建研究[J].武汉体育学院学报,2015,49(05):13-18.

[26]井红卫,周丹.健康中国背景下九江市城镇公共体育服务均等化路径研究[J].景德镇学院学报,2022,37(02):116-120.

[27]冯国有.体育公共服务均等化及其财政政策选择[J].上海体育学院学报,2007(06):26-31.

[28]郇昌店,肖林鹏.公共体育服务均等化初探[J].体育文化导刊,2008(02):29-31.

[29]张利,田雨普.我国体育公共服务均等化现状及发展对策研究[J].西安体育学院学报,2010,27(02):137-141.

[30]赵广涛.新发展理念下城乡体育公共服务均等化价值与策略

[J]. 体育文化导刊,2022(02):48-55.

[31]郭海英,黄玉哲. "互联网+"背景下推进体育公共服务均等化的对策分析[J]. 山西大同大学学报(社会科学版),2022,36(02):144-148.

[32]范宏伟,靳厚忠,秦椿林,等. 中国都市公共体育服务均等化发展的实证研究[J]. 武汉体育学院学报,2009,43(09):12-16.

[33]袁春梅,杨依坤. 我国体育公共服务资源配置均等化水平的实证研究——基于泰尔指数的分析[J]. 武汉体育学院学报,2014,48(02):21-26.

[34]刘亮. 我国体育公共服务均等化的理论模型与实证分析[J]. 体育科学,2013,33(01):10-16.

[35]吕诗蒙,张强. 获得感提升视域下我国体育公共服务发展的功能定位、现实困境与实施路径[J]. 沈阳体育学院学报,2018,37(06):73-79+112.

[36]郇昌店,肖林鹏,杨茜萍. 县级政府供给公共体育服务:责任、困境与突破[J]. 山东体育科技,2013,35(02):1-5.

[37]蓝国彬,樊炳有. 我国体育公共服务供给主体及供给方式探析[J]. 首都体育学院学报,2010,22(02):27-31.

[38]齐立斌,李泽群. 对构建社会主义新农村时期农村体育服务体系若干理论问题的探讨 C//中国体育科学学会. 第八届全国体育科学大会论文摘要汇编(一). 2007:479.

[39]唐立慧,郇昌店,肖林鹏,等. 我国公共体育服务的市场化改革研究[J]. 西安体育学院学报,2010,27(03):257-261.

[40]牛瑞新,李燕领,邱鹏,等. 中国体育公共服务供给方式:理论阐释、运作实践与机制路径[J]. 中国体育科技,2022,58(10):102-108.

[41]李井平. 政府体育公共服务职能定位及优化策略[J]. 体育与科学,2011,32(03):69-72.

[42]赵峰,梅茂荣,张玉,等. 江苏非政府组织(NGO)承接政府购买公共体育服务监管困境与优化之选[J]. 南京体育学院学报,2021,20(04):7-12.

[43]许多,刘景裕,李霖. 体育社会组织承接政府购买公共体育服务胜任力评价指标体系的构建[J]. 吉林体育学院学报,2020,36(06):56-63.

[44]郭修金,单凤霞,陈德旭. 生态文明视域下城市休闲体育发展研究——以上海、成都、杭州为例[J]. 武汉体育学院学报,2016,50(04):40-45.

[45]吴筱珍,刘玉. 上海市政府购买公共体育服务研究[J]. 淮北师范大学学报(自然科学版),2019,40(03):74-79.

[46]冯靖媛,李荣日. 体育公共服务绩效评价研究:时空分布、动态识辨与发展前瞻[J]. 南京体育学院学报:1-13[2023-09-28].

[47]何国民,沈克印. 区域体育公共服务与经济协调发展评价研究[J]. 中国体育科技,2021,57(11):88-95+113.

[48]张磊. 石家庄市体育公共服务成效评价与提升策略研究[D]. 河北师范大学,2023.

[49]李同彦,解媛,解永利. 体育公共服务公众评价实证研究[J]. 武术研究,2020,5(12):111-113.

[50]刘巍,赵江. 地方政府体育公共服务体系绩效评估的研究[J]. 哈尔滨体育学院学报,2011,29(06):48-51.

[51]张陶. 公共文化服务供给的 PPP 模式研究[D]. 中国矿业大学,2019.

[52]孟巍. PPP 模式对我国城镇化影响研究[D]. 中央财经大学,2019.

[53]王琦,黎蕾. PPP 模式助力公共服务供给高质量发展[J]. 中国

财政,2022(13):63-64.

[54]张博文,王天琪.我国公共体育服务PPP模式多元主体协同研究[J].体育文化导刊,2020(01):30-36.

[55]焦长庚.福利经济学视角下的体育公共服务供给发展研究[D].安徽师范大学,2016.

[56]井敏.PPP模式对传统公共服务供给模式的挑战[J].长春市委党校学报,2022(05):38-41.

[57]刘晓慧.公共服务PPP模式的供给现状与优化路径——以江苏省为例[J].西部财会,2021(10):4-8.

[58]刘薇.PPP模式财政风险识别与防范[J].财政科学,2018(07):42-49+63.

[59]邢会强.PPP模式中的政府定位[J].法学,2015(11):17-23.

[60]姜爱华.政府采购"物有所值"制度目标的含义及实现——基于理论与实践的考察[J].财政研究,2014(08):72-74.

[61]董传升,邵凯.我国体育场馆PPP模式困境与中国化应对策略[J].沈阳体育学院学报,2017,36(06):19-25.

[62]刘波,龚晖晖.PPP模式与准公共品的供给——论PPP在大型体育场馆建设中的应用[J].首都体育学院学报,2009,21(02):151-154.

[63]郑志强,陶长琪,冷毅.大型体育设施供给PPP模式的合作博弈分析[J].体育科学,2011,31(05):27-32.

[64]丁云霞,张林,赵红红.公共体育服务PPP项目的理论基础及其动力研究[J].体育成人教育学刊,2017,33(01):72-75.

[65]邓德林,李辉,李乐虎.我国体育公共事业PPP模式政府监管困境与优化路径研究[J].浙江体育科学,2021,43(01):10-16.

[66]韩雪.基于PPP模式的体育公共服务体系构建研究[J].体育文化导刊,2017(03):109-113.

[67]李明.从制度安排到实践运行:PPP 公共体育服务项目国家治理的供给侧改革与实施路径[J].天津体育学院学报,2016,31(06):491-495.

[68]牛瑞新,李燕领.中国公共体育服务 PPP 项目发展现状研究:源于 CPPPC 数据库[J].成都体育学院学报,2023,49(02):59-65.

[69]莱昂·狄骥.公法的变迁[M].沈阳:辽海出版社,1997:7.

[70]江明融. 公共服务均等化问题研究[D].厦门大学,2008.

[71]安体富,任强.公共服务均等化:理论、问题与对策[J].财贸经济,2007(08):48.

[72]柏良泽."公共服务"界说[J].中国行政管理,2008(02):17-20.

[73]杨年松.体育服务产品与成本——收益分析[J].解放军体育学院学报,2002(03):15-16+42.

[74]陈颖川,吉建秋.大学体育公共服务体系平台的构建[J].中国体育科技,2002(11):49-51.

[75]王晓,杨洪星,高扬.公共体育场所损害赔偿责任初探[J].体育与科学,2003(06):10-12.

[76]樊炳有.体育公共服务的理论框架及系统结构[J].体育学刊,2009,16(06):14-19.

[77]吕诗蒙,张强.获得感提升视域下我国体育公共服务发展的功能定位、现实困境与实施路径[J].沈阳体育学院学报,2018,37(06):73-79+112.

[78]张喆,万迪昉,贾明. PPP 三层次定义及契约特征[J].软科学,2008(01):5-8.

[79]杨雅琴.加拿大运用 PPP 投资公共项目的经验借鉴[J].地方财政研究,2016(04):40-45.

[80]陈少强. 政府和社会资本合作的概念辨析[J]. 经济研究参考,2017(49):6-11. 朱庆芳,吴寒光. 社会指标体系[M]. 北京:中国社会科学出版社,2001:3.

[81]Martin J R, White P R. *The Language of Evaluation: Appraisal in English* [M]. Basingstoke, England: Palgrave Macmillan,2005.

[82]张德禄. 论话语基调的范围及体现[J]. 外语教学与研究,1998(01):10-16+80.

[83]王振华. 评价系统及其运作——系统功能语言学的新发展[J]. 外国语(上海外国语大学学报),2001(06):13-20.

[84]李战子. 评价理论:在话语分析中的应用和问题[J]. 外语研究,2004(05):1-6+80.

[85]刘世铸. 评价的语言学特征[J]. 山东外语教学,2007(03):11-16.

[86]毛寿龙,李梅,陈幽泓. 西方政府的治道改革[M]. 北京:中国人民大学出版社,1998.

[87]俞可平. 治理与善治[M]. 北京:社会科学文献出版社,2002.

[88]邱东. 多指标综合评价中合成方法的系统分析[J]. 财经问题研究,1991(06):39-42.

[89]曹可强,俞琳. 国外公共体育服务供给模式及启示[J]. 西安体育学院学报,2015,01:11-15.

[90]卢文云. 公共体育服务供给体系建设的国际经验研究——以英国为例[A]. 中国体育科学学会(China Sport Science Society). 第九届全国体育科学大会论文摘要汇编(4)[C]. 中国体育科学学会(China Sport Science Society),2011:2.

[91]臧博,邱招义. 新发展阶段我国体育场地设施 PPP 模式:发展现状、实践困境与进路探析——基于竞合理论的价值网构建[J]. 体育与科

学,2022,43(04):47-54+80.

[92]王家宏. 我国公共体育服务体系研究[M]. 苏州大学出版社,2016,09. 245.

[93]杨强. 体育产业与相关产业融合发展的内在机理与外在动力研究[J]. 北京体育大学学报,2013,36(11):20-24+30.

[94]刘亮. 我国体育公共服务的概念溯源与再认识[J]. 体育学刊,2011,18(03):34-40.

[95]刘玉. 论社会转型期我国体育公共服务的内涵、特性与分类框架[J]. 成都体育学院学报,2010,36(10):1-4.

[96]康健. 我国基本公共服务均等化实现程度评价指标体系构建与应用研究[D]. 四川大学,2021.

[97]克利福德·科布,克雷格·里克斯福德;社会指标的历史教训[J]. 宾建成,译. 经济社会体制比较,2011(05):1-12.

[98]刘元,公共产品理论视角下湖南省高职教育经费投入问题研究[D]. 湖南师范大学,2019.

[99]赵璐. 基于公共产品理论视角下的城市公共文化服务研究[D]. 北京化工大学,2018.

[100]Samuelson P A. The Pure Theory of Public Expenditure [J]. *The Review of Economics and Statistics*, 1954, 36(4):387-389.

[101]尹伯成. 西方经济学说史[M]. 上海:复旦大学出版社,2005:424.

[102]卢瑶. 马克思主义公共产品理论视域下的生态环境损害赔偿研究[D],华中科技大学,2018.

[103]金莹. “双减”背景下中小学课后服务供给保障机制构建——公共产品理论的视角[J]. 成都师范学院学报,2023(05):21-23.

[104]柯成舟. W 市公安局“最多跑一次”改革深化研究——以新公

共服务理论和无缝隙政府理论为视角[D].上海师范大学,2023.

[105]丰琰.公共服务价格制定的政府责任研究[J].价格月刊:1-8.

[106]易涛.新公共服务理论对我国数字档案公共服务的启示[J].档案,2023(1):18-22.

[107]童柳.新公共服务理论视角下远程开放教育质量管理问题研究[J],湖北开放职业学院学报,2023,36(2):37-38.

[108]吴珣,张国清,李佳川.新公共服务视角下湖南高校体育公共服务供需平衡的实现路径[J].湖北体育科技,2020,39(06):546-549.

[109]王青青.评价理论视角下美国主流媒体中华为企业形象研究[D].沈阳师范大学,2023.

[110]AI Gore. *Forn Red Tape to Results*: *Creating a Government that Works Better and Costs Less*[M]. Washing DC U S: Superintendent of Documents, 1983.

[111]李超雅.公共治理理论的研究综述[J].南京财经大学学报,2015(02):89-94.

[112]李昊,邵定丽.公共治理理论研究综述[J].国际公关,2023(01):31-33.

[113]R. A. W. 罗茨.新的治理:没有政府的治理[J].政治研究,1996,(9):652-667.

[114]刘雅玮.公共管理理论最新研究综述[J].辽宁行政学院学报,2013(2):78-82.

[115]翟文康,韩兆柱.多维视角下的新公共治理巨[J].学习论坛,2017(7):52-58.

[116]陈振明,薛澜.中国公共管理理论研究的重点领域和主题[J].中国社会科学,2007(3):140-152.

[117]郑方辉,张文方,李文彬.中国地方政府整体绩效评价:理论方

法与“广东试验”[M].北京:中国经济出版社,2008.

[118]孙迎春.政府绩效评估的理论发展与实践探索[J].中国行政管理,2009(09):29-33.

[119]Kenneth Prewitt. Principles of American government [J]. *Publishers*, 1980.

[120]张玉亮.政府绩效评估研究:理论回顾、观点梳理及发展前瞻[J].理论与现代化,2008(4):84-88.

[121]Harty, Harry P. Performance Measurement: Fashions and Fallacies [J]. *Public Performance & Management Review*, 1999, (4).

[122]Geert Bouckaert. The History of the Productivity Movement[J]. *Public Productivity and Management Review*, 1990, Fall.

[123]朱立言,张强.美国政府绩效评估的历史演变[J].湘潭大学学报(哲学社会科学版),2005(01):1-7.

[124]胡文伯,王歌,宋钰,等.公私合作模式政策量化研究:治理机构合作关系的演化与变迁[J].中国科技论坛,2021(12):10-17.

[125]张菊梅.广东省农村公共服务中的公司合作模式研究[D].吉林大学,2013.

[126]刘宁.科学描述、科学理论模型及其模型建构[J].淮南师范学院学报,2001(3):116-118.

[127]穆瑞杰.体育公共服务绩效评价体系的构建与完善初探[J].体育世界(学术版),2017(01):39-40.

[128]余学林.数据包络分析(DEA)的理论、方法与应用[J].科学学与科学技术管理,1992,13(9):27-33.

[129]朱建军.层次分析法的若干问题研究及应用[D].东北大学,2005.

[130]张丽娜. AHP-模糊综合评价法在生态工业园区评价中的应用

[D].大连理工大学,2006.

[131]张纳新,姜美玲,常朝阳.我国公共体育服务供给模式的历史特征与发展趋势[J].西安体育学院学报,2017,34(02):164-170.

[132]肖林鹏,李宗浩,杨晓晨.公共体育服务概念及其理论分析[J].天津体育学院学报,2007(02):97-101.

[133]王慧.中外体育产业发展比较研究[J].体育文化导刊,2013(06):89-92.

[134]陈元欣,张崇光,王健.大型体育赛事场馆设施的民营化探析[J].上海体育学院学报,2008,No.146(01):25-30.

[135]国家体育总局经济司.体育事业统计年鉴(2004)[C].北京:国家体育总局经济司,2005:21

[136]王晓燕.PPP 模式在我国发展的问题与解决措施探究——以国家体育场“鸟巢”PPP 项目的失败为例[J].公关世界,2021,No.501(10):67-68.

[137]屈胜国,屈萍,谢琳等.公私合作伙伴关系模式在我国公共体育场馆市场化改革中的应用——以广州体育馆为例[J].武汉体育学院学报,2014,48(08):37-43.

[138]郑娟,郑志强.大型体育场馆公共服务协作治理的理论及实践[J].体育学刊,2020,27(03):39-44.

[139]郑志强,郑娟.政府购买体育公共服务的经济效应与推进策略[J].体育学刊,2015,22(05):49-53.

[140]查勇,梁云凤.在公用事业领域推行 PPP 模式研究[J].中央财经大学学报,2015,No.333(05):19-25.

[141]国家体育总局,体育总局关于认真贯彻落实《全民健身计划(2021—2025 年)》的通知[EB/OL](2021-08),https://www.gov.cn/zhengce/zhengceku/2021-08/11/content_5630698.htm.